アドラー心理学を語る 4

# 勇気づけの方法

野田俊作



創元社

アドラー心理学を語る 4

# 勇気づけの方法

目次

●はじめに　6

第1章◉勇気づけの方法……9

1. 勇気づけとは……10
勇気づけのテクニック　24
自分を勇気づける　34
夫婦間の勇気づけ　37

2. 勇気づけのコツ――その実際例……44
Q＆A　58

第2章◉上手な自己主張……61

3. 主張性――相手の行動に影響を及ぼす……62
主張的な自己主張とは　68
上手な自己主張の実例　75
Q＆A　87

第3章◉不適切な行動とその解決法……91

4. 勇気をくじかれるということ……92
不適切な行動の五つの目的 101
不適切な行動には必ず相手役がいる 111
相手役の感情を聞けば目的がわかる 112
不適切な行動への対処 117
Q&A 121

第4章◉子どもの個性を伸ばす……127

5. 子どもの心の発達と各段階の勇気づけ……128
子どもに問いかけたい言葉 135
主導権争いを避ける 138
友達ができたら育児は終了 142
子どもを尊敬するということ 145
子どもの心を開かせるには 147

6. 育児と教育に必要な「四つのS」……151
〈第一のS〉尊敬 151
〈第二のS〉責任 157
〈第三のS〉社会性 166
〈第四のS〉生活力 171
ラッキーとハッピーの違い 175
たくましさを身につける 179

●おわりに 182
●寄稿 師・野田俊作先生のこと 名越康文 184
●索引 187

装幀 上野かおる

# はじめに

本書「アドラー心理学を語る」シリーズの第4巻『勇気づけの方法』では、第3巻『劣等感と人間関係』に続いて、アドラー心理学の日常生活への応用、特に育児への応用について書いています。後半生のアドラーは、育児と学校教育を通じて、共同体感覚のある子どもたちを育てれば、明るい世界がつくれると考えたのです。ですから、本書の問題意識は、単に「いい子を育てる」ということを超えて、「明るい未来の世界をつくる」ということに向いています。

最近では、アドラー心理学に関する本がたくさん出版されるようになりましたが、その多くが、アドラーの視点をすっかり忘れて、「親が望む子どもを育てる方法」だの「私が望むように人を動かす方法」だのとして、アドラー心理学を曲解しているようです。そうではなくて、共同体感覚のある子どもを育てることを通じて、共同体感覚のある社会を築くのが、アドラー心理学の目的だということを、本書では詳しく書いています。

もっとも、アドラー心理学は「お稽古ごと」であって、本を読んだだけで身につけることはできません。ぜひ講座やワークショップに参加されて、実技指導を受けてください。本書はそのための下準備であって、本書を読んでそれで終わりではありません。
本書の初出は一九九一年*に出版されましたが、長らく絶版になっていました。幸い今回、創元社から再版されることになりました。再編集にあたって表記や用語を大幅に改めましたが、基本的に本文の骨子には手を入れない方針で、必要があれば脚注で補足しています。できるだけわかりやすい文体で書いていますので、どなたでも楽しんでアドラー心理学の実際を学んでいただけると思います。

野田俊作

*本書の初出は一九九一年の『続アドラー心理学トーキングセミナー』（アニマ２００１発行）。

# 第1章 勇気づけの方法

# 1. 勇気づけとは

「勇気づけ*」って、何か変な言葉なんですよね。そのはずで英語から翻訳してこしらえた言葉で、本来は「エンカレッジメント（encouragement）」という言葉なんだけれど、うまく日本語に訳せないんですよね。仕方がないから、勇気づけという言葉を使っている。

大人でも子どもでもそうなんですけれど、健康に、建設的に暮らしていこうというときに、絶対必要な要素は「勇気」だと思う。「元気」と言ってもいいし、「生気」と言ってもいい。子どもが不登校になるとか、非行になるとか、あるいは反抗的になるとか、勉強しなくなるとか、大人が夫婦喧嘩をするとか離婚をするとか、精神病や神経症になるとかいうのは、結局全部、建設的に生きていく勇気がなくなっているからだと思う。

建設的に生きていく勇気というのは、どこからやってくるかというと、それは、外からもやってくるし、あるいは自分自身で自分を勇気づけることもできます。今取り上げたいのは、自分の周囲の人をどうやって勇気づけるかという問題なんです。

*健康に生きるというのは、要するに「気迫」を持って生きるということです。勇気なんて言葉を使っているけれど、アドラー心理学は「気迫の心理学」だと思う。もっとも、気迫という言葉も、何だか体育会的発想でいやですがね。

当然、それに付随して、自分自身をどうやって勇気づけるかということもお話しすることになります。

### ◆人はどんなときに勇気をくじかれるか

よい人間関係というのは、横の関係です。それは別の言葉で言えば、お互い同士が勇気づけをしあえる関係だということですね。勇気づけというと、「あっ、ほめるんですか」とよく言われるけれど、そうではないんです。ほめるのはね、勇気くじきなんですよ。叱るのはもちろん勇気くじき。

まず叱るほうから話をはじめますとね、相手を叱ると、必ず勇気をくじきます。なぜかというと、叱られるというのは欠点を指摘されているわけですよね。欠点を指摘されたらうれしいですか。うれしくないですね。指摘された欠点が本当のことなら、よりうれしくないですね。間違っていると、まだ救われますけれど。

だから叱られることは、うれしくない。自分がうれしくないんだから、他人もうれしくない。あまり心も弾まないし、やる気も出ない。どちらかというと、めげてしまう。だいたい反省すれば反省するだけ人間はだめになってしまいますね。「厳しく反省、みじめな私」……ちゃんと建設的に生きていく勇気を失うだけなんです。

もう一つ、叱ると関係が悪くなります。叱れば叱るほど、だんだん仲よくなっていくということはないです。

このあいだアドラー関係のある組織に行きましたら、どこかのお寺でもらった日めくりカレンダーが掛けてあった。そういうものって、いい言葉が書いてありますよね。それには「親の言葉は何年か経ってからわかる」って書いてあった。こんな馬鹿なことがあるかと私は思って、「親の言葉は何年か経って、嘘だとわかる」って書きなおしてしまいました。私もたくさんわかりましたよ、うちの親がどれくらい嘘を言っていたか。*

我々は完璧で何の欠点もないかのような顔をして、子どもにいろいろ言っているでしょう。あんなもの、すっかり見破られていますよ。我々の子ども時代より今の子どものほうが賢いですからね。親の裏側もちゃんと見ている。だから叱ってもだめ、関係が悪くなるだけです。

およそ人を援助しようとか、助けてあげようと思うとき、仲よくならなかったら助けられないですよ。敵になって憎まれていて、どうやって助けるんですか。

親も学校の先生もみんな誤解しているんですね。とにかく叱って関係を悪くしておいて、彼らを何とかしようと言ったって、絶対に無理ですよ。最初から友達でないと。なぜなら、友達の言うことなら聞くでしょう。いやな奴の言うことは、たとえ正しくても、いやむしろ、正しければ正しいほど聞きませんよ。相手にとってい

*「無反省・無計画・無努力」とか「厳しく反省、みじめな明日」とかいったアドラー心理学的標語を集めて「日めくり」をつくると売れるかしらね。

やな人間になってしまったら、勇気づける力がなくなります。だから勇気づけようと思ったら、相手の味方でなければならない。

だいたい天気のいい日に、友達でいることは誰にでもできるんです。天気の悪いときでも友達でいられるのでないと、本当の友達ではないでしょう。友達でも夫婦でもそうだと思う。一流会社に勤めている亭主が首になって、収入がなくなった途端に「里に帰らせてもらいます」と言うのは、はじめから本当に愛していなかったんです。その人は、その男と結婚したのではなくて、会社と結婚したんです。そんなときこそ味方になって、一緒に働いて暮らしていくのでないと、夫婦とは言えないでしょう。

親子だってそうです。子どもが非行化したり不登校になったりしたときこそ、一緒になって考えて、味方になって、叱らないで、勇気づけて暮らしていけるようでないと、親子とは言えません。

### ◆家族の勇気くじき構造

問題を起こしている子どもや大人というものは、どんな場合でも、「普通でいる勇気」を失っている。自分を特別な人間であるかのように思ってしまっている。特別よいほうでいることができなければ、特別悪いほうでいようとする。そういう人間が家族の中から出てしまうということは、その家族の構造、家族が動いているルールが、勇気くじきのシステムになっているんです。会社でも、その他の集団でも同じことで、勇気くじきの構造があって、相手をちゃんと勇気づけてあげるということをみんなが知らない。

問題を起こす人が出るのは、その集団が病気にかかっているんです。問題を起こした人だけを一生懸命に何とかしようと思っても、なかなかうまくいかない。肝臓が悪くなって、黄疸が出て、皮膚が黄色になったとき、黄色い皮膚を何とかしようと思ってもだめですね。根本の肝臓を治さないと。肝臓を治そうと思ったら、肝臓の薬を飲んだだけではだめですね。生活を全部変えなければ。

ある臓器がつぶれると、身体のバランスが全部崩れてしまいます。それと同じで、集団の中にある症状が出たということは、集団のバランスの全部が崩れているということなんです。そのバランスの崩れというのは勇気くじきというもの……勇気くじきという毒が集団や家族の中にあるわけ。

自分のいつもやっていることを、虚心坦懐に反省してみてください。相手を勇気づけているか、くじいているか。それと同じことを自分が相手から言われたら、もりもりと勇気が湧いてくるか、しょぼんとして死にたくなるか、どちらか考えてみる。

だいたい八割から九割は勇気くじきメッセージを出していますよ。こっちはそのつもりではない、ちゃんと勇気づけてあげたつもりなんだけれど、向こうの立場になると、とてもいやなことを言っている。

まず身近なところ、家族を勇気づけるということをはじめなければ。それは叱ることではないのはもちろん、ほめることでもない。ほめてはだめなんです。子どもが学校からいい成績をとって帰ってきたとき、「おお、偉いね、頑張ったね」と言ったらだめなんです。なぜか。偉いか、偉くないかを判断する権利など親にないんです。その権利が親にあるとしたら、それは縦の関係です。

考えてごらんなさい。奥さんがお料理をつくって、旦那さんが帰ってきて、「おっ、偉いね。頑張ったね。お前だってやればできるね」って言われたら、どんな感じがしますか。学校からいい成績をとって帰ってきた子どもも、「偉いね、君だってやればできるね」って言われたら同じ感情を持つんですよ。勇気がくじけてしまう。だからほめるというのはいけない。

ほめてはいけないって言うのは、アドラー心理学だけなんです。叱ってはいけないという心理学者はいっぱいいるんですが、みんなほめなさいって言う。だめです。ほめるということが縦の関係なんです。

## ◆ほめるのではなく勇気づけを

ほめるのではなくて勇気づける。それはごく微妙な違いです。

今日は旦那さんの誕生日で、手のこんだ料理をつくって旦那さんの帰りを待っている。旦那さんが帰ってきました。さて、どう言ってくれるとうれしいですか。「偉いね、頑張ったね」って言われるのもいや、黙ったままもいや、でも「おいしいね」と言われるのはうれしいですね。また、「ありがとう」とか「うれしいな」とかいうメッセージがくると、勇気づけられるでしょう。よし、またおいしいものをつくってあげようという気になる。

ではなぜ「ありがとう」とか「うれしい」だと勇気づけられて、「偉い」「頑張ったね」だと勇気づけられないかというと、「偉い」は「あなたメッセージ」だから。「あなたはよい、あるいは悪い」というのを、こちらが判断している。「うれしい」とか「ありがとう」というのは、こちらがどう感じているかを言っている「私《わたし》メッセージ」です。相手をいいか悪いか判断するのは、勇気くじきなんです。

こちらが判断する人であれば、当然相手より偉い。点をつける人は点をつけられる人より偉いですからね。そこに縦関係がある。

縦関係をなくして勇気づけをしたいならば、初心者は、とにかく「ありがとう」

「うれしい」というネタを探しましょう。でもそれが特別な出来事であった場合は、勇気づけになりません。特別な出来事だと、私はこのように特別な人間でなければこの家族に受け入れてもらえない、と相変わらず思いますからね。

だから、ご主人がおみやげを買ってきてくれたときだけ「ああうれしいわ、ありがとう」と言っていると、ご主人は、おみやげを買ってこなければ俺はだめなのかと感じる。学校でいい点を取ってきたときだけ「まあ、うれしい」と言っていても、「いい点取ったときだけ私は家で受け入れられて、点の悪いときは受け入れられない」と感じるから、悪い点を取ると帰りに自殺しようかなと思ったりします。それでは勇気づけにならない。

そうではなく、ごく普通のこと、当たり前のこと、毎日起こっていることに注目してください。

たとえば、子どもが朝きっちり時間に起きてきた。これはすごいことですね。勇気づけたいね。うれしいものね。ありがとうって言いますね。遅く起きたら、うれしいね。ありがとうって言います。だって生きているもの。死んだかと思ったら生きていた。一人で起きてきたら、これもいいですね。たとえ遅刻しても手がかからないし。朝ご飯を食べた。うれしいね。一生懸命つくったんだもの、ありがとうって言いたい。食べなかったら、手間がかからなくて、やっぱりうれしいね。学校からずいぶん早く帰ってきた。うれしいね。家がそんなに住み心地がいいのかと。遅く帰ってきた。これもうれしいね。手間がかからなくて。その間にいろんなことができるし、外で元気に遊んでくれるから。だから何をしていてもいいんですよ。

### ◆勇気づけの材料はこんなにある

子どもなり配偶者なり、相手のやっていることが、家族全体を破壊したり、あるいは私に向かって直接被害があったりしない限りは、すべてがいいことなんです。家に火をつけて燃やそうとしたら、あまりうれしくないね。家のお金を持ち出してどこかで散財しているのはうれしくないですね。親に殴りかかるのもいやです。そんなのは勇気づけなくてもいい。

でも、親はそういうのを勇気づけているんですよ。お金を持ち出す子がいたら「あんた、何をするのよ！」とたくさんの言葉をかけますね。そうではないときは、あまり言葉をかけません。ということは、家のお金を持ち出せばお母さんに声をかけてもらえる、ということを学びますね。これも一種の勇気づけなんです。

具合の悪いこと、破壊的なことを見つけたときは、できるだけちょっとしか物を言わないほうがいいんです。そんなときに逆上して感情的に物を言おうとすると、あなた方は縦の関係をつくる名人ですから、「あなたは間違っていて私は正しい」と証明したくなる。そして対人関係がますます悪くなる。

そんなときには、なるべく声をかけないで、最低限のことをちょっと言っておけばいい。「まあ一万円持ち出すの。一〇万円じゃなくてよかったわ」。そのかわり、もっと普通のことでたくさんのつながりをつくらなきゃいけないな、とそのとき認識すればいい。

家のお金を持ち出すというのは、もはや普通の子でいる勇気を失っている。悪いことをするときだけ、親は自分のほうを向いてくれると信じている。いつもそうなんです。

悪いことをする人たちは、道徳観念がないわけではないのです。悪いことだとは知りながら、わざわざやっているんです。「あなた、それは悪いことよ」と言っても無駄。タバコを吸っている中学生に「もしもし、タバコを吸ってはいけないんだよ」と言ったたって、「あっ、知らなかった。それではやめましょう」と答えるなんて、そんなことは絶対にないでしょう。知っているけれどやる。むしろ知っているからこそやる。そうすると、まわりにいろんな影響を及ぼすのを知っていますからね。

人から向けられる関心はゼロであるより、むしろマイナスのほうがまだましなんです。だから、普通であることへの勇気づけが絶えずある会社や家庭は、問題が起こらない。

### ◆基本語は「ありがとう」

「うちの夫は（妻は）全然勇気づけてくれないし、子どもも私を勇気づけてくれない」という考えはやめましょう。もらうことを先に考えないことにしておきましょう。

日本の文化というのは、人を勇気づけるということが極端に下手な文化です。「早く帰ってきてくださってうれしいわ」と、普通日本人は言わない。ところが英語でしゃべると誰でも言える。中学生でも言えるんです。I am glad to see you. お会いできてうれしいって言うでしょう。

「〜してくれてありがとう」「〜してくれてうれしい」とかいうのは、外国語、少なくともヨーロッパ語の中では普通の言いまわしの中でいっぱいあって、よく使われている。日本語だけはない。「君のような息子を持って、お父さんは誇りに思うよ」と日本語で言うと、臭いのね。英語では普通に言えます。

そういうふうに、日本の文化というのは勇気づけが下手な文化で、人を勇気づけるということをみんなが知らない。だから、まず気がついた人から自分で広げるしかしようがない。

やってみてください。「あっ、今日もご飯を食べてくれてありがとう」ってやりはじめたら、ほかの人たちも言いますよ。親の口調は、すぐ子どもは真似ます。*「うちの子は言葉づかいが乱暴で困ります」って言う人がいます。では、そのお母さん、

＊アドラー心理学の育児講座「パセージ」を親子で受ける人がいるのですが、子どものほうが圧倒的に早く学ぶので、「お母さん、『パセージ』ではそんなふうには言わないでしょ」と子どもに言われるはめに陥ります。これから「パセージ」を受けようと思う方はご用心。

子どもにどんな言葉を使っているかというと、相当乱暴な言葉を使っている。普段はそうでもないけれど、叱るときなんかにね。

言葉づかいが乱暴だというのは、そんなに大きな問題ではない。乱暴な言葉も知っているけれど、丁寧な言い方も知っていて、どちらも選べるというのが一番いいですからね。

問題は乱暴な言葉づかいしか知らないということだから、子どもの言葉づかいが乱暴だったら、親が子どもに向かって、もっと丁寧な言葉づかいをすればいい。そうしたら子どもは丁寧な言葉を学びます。ところが、乱暴な言葉づかいをやめさせようとすると、そこに声をかけるでしょう。言葉づかいに注目を与えて、それが一種の勇気づけになって、結局余計にその言葉を使うようになる。

雑草は抜けば抜くほど生えてくる。そんな暇があったら、いいものをたくさん育てる。そのいいものの力で悪いものが消えてしまいますから。

朝から晩まで勇気づけるチャンスはいくらでもあります。我々が敏感に、その気になって探せば、いっぱいあるんですね。

### ◆障害児の勇気づけ

ほめたり何か賞を与えることは、勇気づけにならないということで、こんな例があります。

これは知的障害の子どものお話です。中学一年生の年齢ですが、重度の知的障害で、身辺の自立、つまり服を着たり、自分で食事をしたり、自分で排泄をしたりということがまだ充分にできていませんでした。ある施設に入ったわけですが、その施設では、その子に自分の身のまわりのことを自分でさせようという目標を立てて治療教育をはじめました。ところがその子は言葉もほとんど通じない状態でしたので、やむなくお菓子を与えて、具体的には「おにぎりせんべい」というお菓子なんですが、これを与えて、ほめることによって教育をしようとしました。

その子の前で保育士が服のボタンを留めて見せるわけです。その子が真似をして上手に留めますと、おにぎりせんべいを出して与えます。あるいはボタンをはずして見せるわけです。はずすとおにぎりせんべいを与えます。このようなやり方を三か月ほど繰り返した結果、その子は服を着る、服を脱ぐということが、一応自分でできるようになりました。ただ、大きな問題が一つ残りました。それは、おにぎりせんべいを与えてくれる保育士がいないと、やらないということです。

その時点で、その保育士から私に相談がありました。そこで私は考えたんですが、このおにぎりせんべいというのは、結局何のために使われているのか。つまり、服を自分で着られるとか自分で脱げるとか、あるいはご飯を自分で食べられるとかいうことが達成できると、子どもはうれしいだろうと思うんです。そのうれしさを大人が分かちあうこと、「うれしかったね、よかったね」ということをともにすること、これが一番大切なことではないかと思ったんです。

普通の知能の子どもですと、少しこちらがにこっとしたりすると、「あ、喜んでくれているな」とわかりますし、自分もやっぱりうれしいということがわかります。もう少し知能の低い子ですと、はっきり声に出して、「ちゃんとできてよかったね。私もうれしいよ」って言ってあげるとわかるでしょう。さらにもう少し知能の低い子ですと、たとえばしばらく一緒に遊んであげるというようなことをすれば伝わるでしょう。

ところがこの子ぐらいの水準の子になりますと、確かにそのおにぎりせんべいというようなあるお菓子を使わないと、こちらのうれしさというものが向こうに伝わらないかもしれない。しかしながら、ただおにぎりせんべいを与えるというだけで、果たして、こちらも喜んでいる、相手も喜んでいる、喜びを共有しているという感じが持てるだろうかと考えたんです。

それを持つためにはいったいどうしたらいいか。この子はそのお菓子を食べたらうれしいわけですね。ということは、我々がそのお菓子を食べたとしたら、その子は「あ、この人はきっと喜んでいるんだ」と感じてくれるのではないかと思ったんです。

そこで「今までのように、ただそのお菓子を与えるのではなくて、目の前で二つに割って、一つは保育士が食べて、一つはその子にあげて、そして二人で『よかったね、できたね、うれしいね』って言って、身体を触れ合うというふうに少しプログラムを変更していただけませんか」って言いました。それを実行した結果、三週間で、この子は誰もいないところでも身辺自立をするようになりました。これが、ほめるということと勇気づけるということの根本的な違いだと思います。

## 勇気づけのテクニック

もう少し具体的に、勇気づけのテクニックと言いますか、やり方を整理して説明してみます。

### ①貢献に注目する

まず、ほめるということ、賞を与えるということと対照して考えていきたいわけですが、ほめる場合には、相手の能力、あるいは勝ち負けということに注目をして言葉をかけがちになります。「君は本当に有能だ、よくできる」とか、「偉い、よくやった」とか、そういうふうな声のかけ方をするわけですが、そうではなくて、「共同体への貢献」に注目をしたい。たとえば、「君のおかげでとても助かったよ」というふうに言いたい。あるいは、「私への協力」に注目をしたい。「君が助けてくれたので、とても助かった」っていうふうな声のかけ方をしたいと思うのです。

貢献とか協力とかを目的にしてする行動は、適切な行動です。賞賛あるいは勝ち負けを目的にして行動する行動は、不適切な行動です。従って、貢献や協力に注目をしてそれを伝えていけば、相手は自然に適切な行動をしてくるようになっていきます。

## ②過程を重視する

また、ほめるということは、しばしば結果を重視します。たとえば、学校でいい成績をとってきたら、「とても頑張ったね、私は君のような優秀な子どもを持って満足だよ」っていうふうな言い方をします。しかし、この言い方は、プロセス、すなわちそこに至る過程を無視させてしまうかもしれません。いい成績さえ取ればどんな方法を使ってもいいのだと、子どもは思うかもしれません。あるいは成績が悪かったとき、つまりたまたま結果が悪かったとき、子どもは勇気をくじかれてしまいます。

従って、結果ではなくてプロセス、過程を重視して声をかけたい、つまり、いい成績だということに対してではなくて、「努力したんだね、すごく頑張ったんだね」ということのほうを言いたい。あるいは失敗をした場合に、「なんだこの成績は」という言い方をしないで、「一生懸命努力したのに残念だったね」っていうふうに言いたい。そのことによって子どもは、結果がどうであれ努力する姿勢が大事なんだということを学ぶだろうと思います。

## ③成果を指摘する

第三番目には、しばしば相手を勇気づけ励ますつもりで、達成できていない部分、足りない部分を指摘するやり方があります。これは大変好ましくないと思います。

たとえば、子どもの持ってきた絵か何かに、「全体としてはよくできているけれども、この部分がだめだな」というふうに、わざわざその一番具合の悪いところを指摘してやると、どうなるでしょう。これは多くの場合、子どもの勇気をくじきます。そうではなくて、すでに達成できている部分、うまくいっている部分のほうを指摘してあげたい。「ここの部分はとてもよくできたように思う」とか、「この前にくらべるととても進歩したね」とかいうふうな言い方をしたいと思います。

# 勇気づけ（エンカレッジメント）

| 勇気づけるメッセージ | 勇気をくじくメッセージ |
|---|---|
| 貢献や協力に注目する<br>あなたのおかげでとても助かった。<br>あなたがうれしそうなので、私までうれしい。 | 勝敗や能力に注目する<br>あなたは本当に有能だ。<br>偉い、よくやった。 |
| 過程を重視する<br>努力したんだね。<br>失敗したけれど、一生懸命やったんだね。 | 成果を重視する<br>いい成績だ。私は満足だ。<br>いくら頑張ったって、結果がこれではね。 |
| すでに達成できている成果を指摘する<br>この部分はとてもいいと思う。<br>ずいぶん進歩したように思う。 | なお達成できていない部分を指摘する<br>全体としてはいいが、ここがだめだな。<br>ここをもう少し工夫するといい。 |
| 失敗をも受け入れる<br>残念そうだね。努力したのにね。<br>この次はどうすればいいだろうか。 | 成功だけを評価する<br>失敗しては何にもならない。<br>いったいなぜ失敗したんだ。 |
| 個人の成長を重視する<br>この前よりもずいぶん上手になったね。<br>一度くらい後戻りしてもいいじゃないか。 | 他者との比較を重視する<br>あの人よりもあなたのほうが上手だ。<br>あの人に負けていてどうするんだ。 |
| 相手に判断をゆだねる<br>あなたはどう思う？<br>一番いいと思うようにすればいい。 | こちらが善悪良否を判断する<br>それはよくない、こうしたほうがいい。<br>ここはよくできた。しかしここはだめだ。 |
| 肯定的な表現を使う<br>気が小さいんじゃなくて慎重なんだろう。<br>謙虚に反省しているんだね。 | 否定的な表現を使う<br>気が小さいね。もっと気を大きく持て。<br>めそめそするんじゃない。 |
| 「私メッセージ」を使う<br>（私は）そのやり方は好きだ。<br>（私は）そのやり方をやめてほしい。 | 「あなたメッセージ」を使う<br>（あなたの）そのやり方はいい。<br>（あなたの）そのやり方をやめなさい。 |
| 「意見言葉」を使う<br>あなたは正しいと思う。<br>あなたの意見に私は賛成できない。 | 「事実言葉」を使う<br>あなたは正しい。<br>あなたの意見は間違っている。 |
| 感謝し共感する<br>協力してくれてありがとう。<br>やる気があるのでうれしい。 | 賞賛し叱咤激励する<br>よく働いて偉いね。<br>もっと頑張るんだよ。 |

## ④失敗を受け入れる

ほめるということは、いつも成功した場合、うまくいった場合にほめる、そしてうまくいかなかった場合には、何もしないかあるいは叱るということになりがちなわけですが、そうではなくて、失敗、うまくいっていない部分も受け入れたい。そして、それをもやはり勇気づけたい。失敗するということを受け入れる勇気、これは健康なパーソナリティーにとってとても大切なことです。

我々はいつも不完全です。どんなに努力をしても、どんなに計画をしても、失敗することがあります。失敗をする可能性があるからといって、はじめから投げ出してしまうというのはとてもよくない姿勢です。失敗する可能性があっても、できるところまでやってみる、自分の努力を精一杯やってみるという姿勢を養っていかなければなりません。

そのためには、失敗をとがめるのではなくて、失敗の中にあるさまざまなプラスの要因を指摘するということをしなければなりません。たとえば、「失敗をしては何にもならないよ」とか、「いったいなぜ失敗したんだね」とかいう言い方をしないで、「残念そうだね」「ずいぶん努力したのにね」というふうに声をかけてやれたらなと思います。

## ⑤成長を重視する

それから、賞を与える、ほめるということは、多くの場合、他の人との比較を前提において、他の人に勝ったという部分をほめることが多いように思います。

しかし、勝ち負け、競争という原理は、人間の生活にとって非常に有害であるとアドラー心理学では考えますので、あまりその部分に注目させることなく、むしろ自分自身の成長、以前にくらべて自分がどれだけ成長してきたかということを重視したい。「あの子にくらべると君のほうがよほど上手だね」とか、「あんな子に負けていてどうするんだ」という言い方はやめて、かわりに「この前よりずいぶん上手になったじゃないか」とか、あるいは失敗している場合には、「一度くらい後戻りしてもいいじゃないか、これから先まだまだ長いんだし」というような、そういう言葉かけをしてあげたいと思います。

## ⑥相手に判断を委ねる

それからほめる、賞を与えるというのは、ほとんどの場合こちら側がよい悪いの判断をして、それを相手に押しつけると言いますか、それを根拠にほめたり叱ったりするわけですが、こちらがあまりにも独断的に相手の善悪・良否を判断してしまうこともどうかと思います。

そうではなくて、できるだけ相手に判断を委ねたい。たとえば「ここはよくないよ、こうしたほうがいいよ、ああ、これじゃせいぜい六〇点だな」というような言い方はやめて、「君自身はどの部分が気に入っているかな？　どういうふうにすればいいと思うかな？　君が一番いいと思うようにすればいいんだよ」というふうに、できるだけ相手の主体性に委ねたいと思います。

## ⑦肯定的に表現する

あるいはほめる場合に、励まそうという気持ちでもって、しばしば非常に否定的な表現、相手にマイナスの感情を与えるような表現を使う方がいます。これも、あまり好ましいやり方ではないですね。できるだけ肯定的なプラスの言葉、相手の長所や、あるいは得意な部分、達成できている部分、そういうところを指摘していただきたいのです。

たとえば、「ほんとに気が小さいね、そんなことでどうするんだよ。もっと気を大きく持ちなさい」「めそめそ泣いているんじゃないよ、泣きやみなさい」とかいう言い方は、子どもを勇気づけることではないですよ。

そうではなくて、気が小さいという子どもに向かっては、「君が気が小さいんじゃなくてとても慎重なんだよ、だからゆっくり気のすむようにやっていけばそれでいいじゃないか」とか、そういうふうに声をかけてあげたいと思います。

### ⑧「私メッセージ」を使う

あるいは、「あなたのやり方はよくない」とか、「あなたの考え方は間違っている」というような言い方ではなくて、「私はこう思う」「私はこう感じる」という言い方を使ったほうがいい場合があります。これは「私メッセージ」と言っています。これは日本語では少し使いにくい場合がありますから、あまり教条的にこだわらないでほしいんですけれども、ときにとても便利です。

たとえば、「なかなかよくできた、うん、そのやり方はいいよ」というかわりに、「私はそのやり方が好きだな」「私はあなたのつくったものが気に入ってるよ」というふうな言い方。あるいは逆に、「そのやり方はやめなさい、それはよくないよ」というかわりに、「私はそういうやり方はあまり好きじゃないな」っていうふうに言うことができます。

### ⑨「意見言葉」を使う

また、主観的な意見にすぎないものを事実として言うことは、しばしば相手をくじけさせます。そうではなくて、意見にすぎないものは「これは私の意見にすぎないけれども……」っていうことを強調して言いたいと思います。私はこれを「意見言葉」と言います。

正しいとか間違っているという判断は、実は自分の意見にすぎないんですよね。ところが「それは間違っているよ」とか「それは正しい」とかいうのは、まるでそれを事実であるかのように、絶対的な判断であるかのように言っています。そうではなくて、「うん、そのやり方は正しいと思うな」とか、「そういう言い方には賛成できないな」とか、これは自分の主観的な判断なんだということをはっきり前面に押し出して、そこを誤解されないようにしゃべるということが、相手を勇気づけていくことになります。

◆**勇気を失うことが一番破壊的**

アルフレッド・アドラー*は、「すべての人間の問題、すべての不適切な行動の根本原因は、勇気を失っていることだ」というふうに考えました。

人間は、未来に目標を設定します。普通、心理学では、過去に原因があって、現在の行動が決まるというふうに考えますが、アドラー心理学では、過去の原因が現在を決めるのではない。頭の中に抱く未来の目標に向かって、我々は進んでいくのであり、未来の目標が現在を決めるというふうに考えます。

＊アドラー（Alfred Adler 1870–1937）
オーストリア生まれのユダヤ人精神科医。一時はフロイトと一緒に研究していたが、のちに訣別して個人心理学とも呼ばれるアドラー心理学を開発した。著書に「アドラーセレクション」として『人生の意味の心理学』『個人心理学講義——生きることの科学』『人はなぜ神経症になるのか』（いずれもアルテ刊）などがある。

あるいは別の言い方をしますと、本能であるとか、欲求であるとかが、我々を後ろから突き動かして、生きさせるのだ、行動させるのだというふうには考えず、我々は未来に目標を設定して、自分の力で、自分で決断をしながら、そちらに向かっていくのだというふうに考えます。

で、目標を達成するためにさまざまなルートがあります。同じ目標、たとえば人から尊敬されたいとか、あるいは人に好かれたいとかいうような同じ目標に向かっても、さまざまなルートがあります。ちょうど山に登るように、頂上は一つであっても、そこへ至るルートは何種類もあるんですよね。その中には、社会的に受け入れられるルートもありますし、あるいは反社会的なルートもあります。

たとえば、力、権力を身につけたいというふうに思った少年が大きくなって、政治家になったり、あるいは警察官になったとすれば、これは権力を身につけたいという目標を、建設的な方法で実現していったわけですね。ところがこの人が暴力団員になったりしたら、これは同じ目標を、破壊的な、反社会的な方法で実現したことになるわけです。

ではどのような場合に、人間は、目標を破壊的な、反社会的な方法で実現するかというと、それは勇気がくじかれている場合です。

建設的な、社会的な目標追求には、たくさんの勇気がいります。華やかな、人から注目されるようなやり方には、大きな勇気はいりません。しかしながら地味な、こつこつと努力をしなればならないような生き方には、大きな勇気が必要です。勇気をくじかれた人たちは、そのこつこつルートを通ることができなくなって、弱虫用の近道をするんです。反社会的なやり方は、結果を得るための近道ではありますしかしながらそれは、無責任な行動の仕方であり、臆病な行動の仕方です。

我々が子どもたちをなぜ勇気づけなければならないかというと、彼らが彼ら固有の目標に向かって、最も建設的なやり方で生きていってくれるように願うからです。*

勇気づけというのは、ほめるというやり方にかわる育児の仕方ですし、あるいは叱咤激励する、励ますというやり方にかわる教育の仕方です。

## 自分を勇気づける

他の人たちを勇気づけると同様に、絶えず自分自身を勇気づけるということが、自分を受け入れるという上で、とても大切な要素であることを覚えていただきたいのです。

自分を勇気づける能力があれば、他の人たちに勇気づけてもらう必要は次第に少なくなっていきます。自分をしっかりと勇気づけられる人だけが、本当の意味で自立した、本当の意味で自分の足で歩く人間になることができます。

＊「人間共同体にとって価値ある生き方をしている場合にのみ、人は人生の諸課題を満足なかたちで解決できるし、自分自身満足感を得ることもできるのだ」（アドラー）

そして、自立した他の人に依存しなくていい人間だけが、本当の意味での協力的な人間関係、つまり相手に頼り、あるいは相手を支配するのではなくて、自分の足で立ちながら、お互い同士力を合わせるという、真の協力的な人間関係を持つことができるのです。

あるいは、自分を充分勇気づけることができる人だけが、縦関係ではなく横の関係を持つことができるのです。

人間は自分自身を勇気づけることを覚えると、あまり人に勇気づけてもらわなくてもよくなる。人に勇気づけてほしい、いい言葉がけがほしいと強く望んでいるのも、やっぱりちょっと幼稚なんです。

とても疲れているときとか、とてもいやなことがあったときとか、そんなときこそ自分自身に向かっていいところを探すチャンスです。喧嘩したけれども、友達はたくさんいるし、と思ったりする。この前の仕事はうまくいかなかったけれど、でもうまくいっていることもあるなあと思うわけですね。絶えずプラスの側面を探すという訓練を自分自身に向かってもします。

私は、あまり自己嫌悪に陥らなかった子だったんですけれども、それでも、自分を好きになるということをかなり努力したんですよ。毎日朝起きて、鏡を見て、「ああ、僕って何て素敵なんだろう」と思う。そう思っておくほうがいいんです。なぜかと言うと、誰にも害がないから。外見も素敵だし、右と左の腎臓も素敵だし、上下両方の奥歯も素敵だし、考えてみると、全部素敵だなって思う。とても自分は有能だし、みんなの役に立ててるしと、朝思って起きる。それぐらいのことでも一日違うんです。

その逆を思ってごらんなさい。私は何の能力もないし、今までの人生も暗かったし、これからも暗いだろうし、今日も一日いやなことがあるんだろうなとつぶやいてから、三つくらい溜め息をつきますと、一日中だめですね。自己勇気くじきをやってみると、どれくらい自分に大きな影響があるかすぐわかります。

勇気づけも同じなんです。朝勇気づけをして一日暮らす。そして夜寝る前に、今日は一生懸命働いたし、みんなの役に立ったし、とても成長もしたし、いい一日だったな、明日もきっといい一日だろうなと勇気づけるんです。

それから、自分自身の能力や、あるいは勝ち負けにこだわらないこと。自分の行為の結果が悪かったからといって、それを責めないこと。自分の足りない部分、達成できていない部分にばかり注目しないこと。自分と他者を不必要に比較しないこと。自分の主観的な判断を絶対だと思わないこと。自分に向かって否定的な表現を使わないこと。自分を無理やりに叱咤激励し、馬車馬のように鞭打たないこと。そのような多くのことを、絶えず自分自身に向かってトレーニングし、新しい生き方をはじめていっていただきたいと思います。

## 夫婦間の勇気づけ

ご主人に早く帰ってきてほしいなら、「怒り」を使わずに、早く帰りたくなるような雰囲気にするべきだという話を、本シリーズの第3巻『劣等感と人間関係』でお話ししましたが、夫婦の間で勇気づけを行なうのは恥ずかしい、照れくさいという声があります。特に日本ではそうです。

夫婦が仲よく暮らそうと思うならば、仲よく暮らせるようにするべきです。なるべく喧嘩をするようにしかけているのは、いったい誰ですか。たいてい奥さんですね。ご主人のほうは家に帰って、奥さんとべちゃべちゃおしゃべりしようとか、あまり思わないわけです。疲れているから寝ようと思っているわけね。

ご主人はなるほど外では管理職かもしれない。しかし、家の管理職は誰かというと、奥さんでしょ。部下が働かないのは、管理職が下手だから。いい管理職がいれば部下はちゃんと働きます。家の中で亭主が何もしてくれないのは、管理職である奥さんの管理能力が低いから。それを、部下のせいにする管理職はだめな管理職です。

ご主人を、奥さんと絶えず仲よく話がしたい、子どもと遊びたい、家事も手伝いたいという方向に勇気づけなければならない。そのことを強制して、やらないと叱る、恐怖心でもってさせるというのは、勇気づけではない。そのことをするのが楽しいような状況をつくりだして、そのことをして楽しいというように感じてもらえるようにすることを勇気づけと言うのです。

勇気づけをするためのまず第一段階は、態度を変えることです。亭主に勝つという目的をやめる。「かわいそうな私、悪いあなた」をやめる。仲よくするのだと決める。恥ずかしい目に遭うことを決心する。自分が変わらないと、相手も変わらないのだということをわかろうとする。自分がまったく変わらないで、相手に変われ変われと言うのをやめる。このように、基本的な態度を変えましょう。

態度だけ変わっても、黙っていると相手に伝わりません。日本人は、言わないでわかってもらいたいという気持ちがとても強い。黙っていても、察知してくれることを愛情だと思っている人がいる。これはだめなんですよ。たとえ、夫婦でも親子でも、口に出して言わないと、テレパシーはないから伝わらないのです。

### ◆命令口調からお願い口調へ

日本人の夫婦も親子も、言葉づかいがひどいですね。ほとんど命令口調です。「～しなさい」「～してちょうだい」「どうして～しないのよ」など。それで仲よく暮らせるわけがない。アメリカの夫婦は、まあ中産階級以上の夫婦であれば、丁寧な敬語でしゃべります。たとえば「ドアを開けてくれ」と言うときに、「ドアを開けてもらえませんか」というような言い方をします。Open the door. というのは、ないですよ。

日本の夫婦は、一般にとても粗暴な言葉づかいをして暮らします。親子はもっとひどい。子どもに対する親の言葉は、ほとんどぜんぶ支配的な命令語で、子どもが反発しないほうがおかしいと思う。

学校の先生もそうですね。たとえば、観光地で修学旅行生がぞろぞろ歩いているでしょう。あれを見ていると、先生方はすごい言葉づかいですよ。手にメガホンを持って、命令語を連発しています。

私がお勧めしているのは、人に物を頼むときには、命令口調を使わないということ。命令口調というのは「〜しろ」とか「〜しなさい」とかいうものだけではなくて、「〜してください」とか「〜してちょうだい」というのも、命令口調なんです。最後に「〜よ」なんてつけると完全に命令口調で、「あなた、ちょっと洗濯しておいてくださいよ」と言うと、立派に命令口調ですから、そんなのはだめです。命令口調ではなくて、お願い口調で言ってほしい。

お願い口調というのは、整理してみると二種類あります。一つは、疑問文を使うこと。「～しませんか」「～してくれませんか」「～していただけませんか」。たとえば「今度の日曜日に子どもと一緒に動物園に行ってくださらない?」。疑問文で聞くと、お願いになるんですね。疑問文でないと、「今度の日曜日、子どもと一緒に動物園に行ってくださいね」と命令になるわけですね。いくら「ください」と丁寧な言葉をつけても、やはり命令なんです。でも「くださいませんか」と言うと、お願いになるわけですね。

疑問文が使いにくいときには、仮定文「もし～だとうれしい」とか「もし～だったらありがたい」とか「もし～だったら助かる」とかいうのを使います。「もし、今度の日曜日、子どもたちと一緒に動物園に行ってくださると、とってもうれしいんだけど」と言ってみます。これだと、向こうはかちんとこないんですよ。

丁寧に言っているつもりでも、私たちは実は命令口調を使っている。そのたびに、相手はかちんときて、どうしてお前に命令されないといけないんだと思っている。

私は、カウンセラーの教育をしていますので、カウンセラーたちが、実際にカウンセリングをしている場面の録音を持ってきてもらって聞きます。ここのところを、こういう言葉づかいをしないで、こういうふうにしてくださいと修正をしますね。それがちゃんと身についていて、ひどい言葉づかいをしないようになるのに、トレーニングを受けはじめてから二年ぐらいかかるんです。

つまり、我々がどれくらい自分の言葉づかいに無関心か、意識しないでひどい言葉を使っているかということですね。みなさんも、きっとそうですから、保証します。

夫婦の会話でも、親子の会話でもいいから、いっぺん録音して聞いてください。自分がどれくらいひどいことを言っているか。いつも気をつけていて、はじめのうちは命令文が出ますね。ああ、しまったと思って修正をしてください。疑問形「〜してもらえないかしら」とか「〜してくださいませんか」とか「〜してくださると、うれしいんだけど」という言い方でしばらく話をしてみましょう。これが、人との関係をよくする大変大きな鍵になるんです。

## ◆キーワードは「うれしい」

もう一つ大事なことがあります。「今度の日曜日、動物園に連れて行ってくださらない？」って言って、ご主人が「いいよ」って言ったら、それで終わりではだめなんです。

これも奥さん方がいつも思うことで、亭主は育児とか、家事とか、手伝ってくれて当然、手伝わない亭主は非難されるべきだ、子どもは勉強して当然、親の言うことを聞いてくれて当然、勉強しない子どもや親の言うことを聞かない子どもは罰せなります。

られるべきだ……そんなふうに思っていませんか。そう思っていると、ご主人や子どもがちゃんとやっても当たり前と思ってしまう。当たり前と思うと何も言わなくなります。

せっかく一生懸命にお母さんの仕事を手伝ったり、自分のことをちゃんとやったりしているのに、何も言ってもらえないと、だんだんとやる気がなくなる。相手から反応がないと、やる気がなくなる。

私も講演や講座などでは、お話ししていて、聴衆がうなずいたり、こっちを向いてくれたりしてくださるのでしゃべりますが、聞き手が知らんぷりでよそを向いていると、一分ぐらいしたら完全にしゃべる気をなくします。

同じように、子どもたちが一生懸命に勉強をしたり、自分の身のまわりをきちんとしたりしているのに、お母さんが何も言ってくれないと、自然にやらなくなります。

ご主人だって、家庭サービスをしているのに、奥さんがうれしいとも何とも言わないで、当たり前という顔でつきあっていると、はじめのうちはやってくれても、しばらくすると馬鹿馬鹿しくなってやめます。

相手がやってくれないときや、あまりしてほしくないことをしているときにだけ反応するというのをやめて、してほしいことをしてくれたときは、ちゃんとお礼を言おうと思う。「ありがとう」と言おう、「うれしい」と言おう。……これも大きな勇気づけのテクニックなんですね。

# 2. 勇気づけのコツ——その実際例

では、勇気づけの実際例を少し紹介してみましょうか。

**①能力に注目した場合**

最初に紹介するのは、相手の能力に注目することによって、かえって勇気をくじくやり方です。

夫「棚を吊ったよ」

妻「本当に上手に吊れたわね、あなたもやればできるのね」

これは、かなり馬鹿にされたような感じがしますね。子どもではないんだから、ほめてもらわなくてもいいんだと、そういう感じがします。

**②貢献に注目した場合**

これを、貢献とか協力に注目するやり方に変えてみます。

夫「棚を吊ったよ」

妻「まあ、助かるわ。あなたが手伝ってくださるので、とてもうれしいわ」
「うれしい」とか「ありがとう」とかいう言い方をするのは、とても簡単な勇気づけの方法です。この言い方をされますと、また今後も棚を吊ったりいろんな家事を手伝おうかなっていう気になります。

### ③結果を重視した場合

次は、結果を重視することによって相手の勇気をくじく方法です。
子「ねえねえ見て。九六点も取ったのよ」
父「うーん。いい成績だね。いやあ、賢い娘を持ってうれしいよ」
これはこれでいいわけです。一応はいいわけですが、また別な日に悪い成績をとったときが問題です。
子「四〇点しか取れなかったんだ。頑張ったんだけどな」
父「うーん、いくら頑張っても結果がこれではなあ。私は情けないよ」
これでは子どものほうは、いっそう情けなくなります。喜びは分かちあわなければならないと思うのですが、勇気をくじかれた状態をともに分かちあってもあまりしようがないように思います。

### ④過程を重視した場合

ではこれを工夫して、プロセスを重視する言い方に変換することによって勇気づけるメッセージに変えてみます。

子「ねえねえ見て、九六点も取ったのよ」

父「うーん、ずいぶん努力したんだね」

先ほどは、「いい成績だね」と言いました。「いい成績だね」という言い方と、「ずいぶん努力したんだね」という言い方とは、結果がよかった場合にはあまり違わなかったように思いますが、結果が悪かった場合に非常に大きな違いを見せるようになります。

子「四〇点しか取れなかったんだ。頑張ったんだけどなあ」

父「うーん。それは残念だったね。でも努力したんだからいいじゃないか」

「私は情けないよ」と言われるよりは、「努力したんだからいいじゃないか」のほうが、子どもはよほど気持ちが楽になります。いい成績をとった場合にも「ずいぶん努力したんだね」と言い、悪い成績をとった場合にも「ずいぶん努力したんだね」と言う。同じメッセージで、どちらの場合も勇気づけることができるわけです。

## ⑤欠点を指摘した場合

次は、相手が達成できない部分を探しだして指摘するやり方です。これは意地悪からするのではなくて、相手を励まし、いっそう努力させようという気持ちでするわけですが、結果的には相手の勇気をくじくことになってしまいます。

子「ねえねえ、お花の絵を描いたんだけど見て」

父「うーん。全体としてはまあまあだけど、色の使い方がもう一つだなあ」

子どもが「見て」と持ってくる場合は批判されるために持ってくるわけではなくて、当然、喜びを分かちあってもらうために持ってくるわけです。それを批判する姿勢をこちらが強く打ち出しますと、次からまた何か具合の悪いところを指摘されるのではないかと思ってしまうでしょう。

## ⑥達成できたところを指摘した場合

ではこれを、すでに達成できているいい部分、長所の部分を指摘する言い方に変換をして、勇気づけるメッセージに変えてみます。

子「ねえねえ、お花の絵を描いたんだけれど、あまりうまく描けないの」

父「うーん。でもデッサンがずいぶんしっかりしてきたじゃないか」

子「そうかなあ」

こういうと、子どもはうれしくなって、また描いて持ってこようという気持ちになるでしょう。

### ⑦成果を指摘したあとで欠点を指摘した場合

結果を指摘する場合に、相手がうまく達成できている部分を指摘することです。達成できていない部分については指摘する必要はありません。どうしても指摘したければ、あらかじめ相手の達成できている部分を指摘して、そのあとに不足の部分を少し言い添えるというような言い方ができないことはありません。

子「ねえねえ、お花の絵を描いたんだけれど、あまりうまく描けないの」

父「うーん。でもデッサンがずいぶんしっかりしてきたじゃないか。あとは色の使い方を工夫するともっとよくなるな」

子「うん、じゃあやってみる」

### ⑧失敗を受け入れない場合

次に、失敗を受け入れないやり方をやってみます。これも相手をいじめたり意地悪をしたりする目的ではなくて、相手を励ます目的で行なうわけですが、結果的には相手の勇気をくじいてしまうことがよくあります。

子「今度の試験の成績、悪かったんだ」
父「どれどれ……あれあれ、あんなに勉強していたのにこんな成績かい。いったいどんな勉強の仕方をしているんだい」
こう言われると、子どもは「お父さんはどんなに偉いんだい」と言いたいくらい腹が立ちます。

**⑨失敗を受け入れた場合**

では、子どもが失敗をした場合に、それを受け入れて、そして勇気づけるやり方です。

子「今度の試験の成績、悪かったんだ」
父「うーん、残念そうだね。ずいぶん努力していたのにね。でもまあ、またこの次もあるじゃないか」

子どもが、またこの次に頑張ればいいのだ、という気持ちになるかどうか。「あんなに努力していてこんな成績だから、君は頭が悪いんじゃないか」とか、「勉強の仕方が悪いんじゃないか」と批判をしますと、この次に対する意欲がなくなっていきます。ところが、「残念そうだね」「ずいぶん頑張っていたのにね」「またこの次もあるじゃないか」というような言い方をしますと、今回悪かったけれども、この次は頑張ろうという、積極的な姿勢が養われると思います。

## ⑩他人と比較した場合

次に、他の人と比較をして、他の人に勝っているとか負けているといった部分を指摘して、そして相手を励まそうとしながら、実際は勇気をくじいているという場合です。

子「ゆうこちゃんにかけっこで負けちゃったの」

父「あんな子に負けていてどうするんだ、もっと頑張らなくちゃ」

これだと今度頑張っても、やはり勝てないとどんな目に遭うかと思って、もうかけっこをしないでおこうという気になるでしょう。

## ⑪成長に注目した場合

それでは同じ会話を、その子自身の過去とくらべて現在がどれだけ成長したか、ということに注目する言い方に変換をして勇気づけてみます。

子「ゆうこちゃんにかけっこで負けちゃったんだ」

父「うん、でもこの前よりは速く走れるようになったんじゃないの」

これだと、また走ってみよう、たとえ負けてでも走ってみようという気がしますね。これはとても大切なことだと思うんです。多くの子どもたちは、勝てないんだったらはじめからやらないでおこう、成功しないんだったらはじめから手をつけないでおこうと考えてしまう傾向があります。結果がどうあれ、チャレンジをするということが最も大切だと思いますし、またすべてのことは、練習を積んでいくうちに必ず上達していくものだと思います。

### ⑫善悪・良否の評価をした場合

では次に、こちらが善悪、良否の判断をして、相手を励まそうと思いながら、実際には勇気をくじいているやり方の例です。

子「ねえねえ、お花の絵を描いたんだけど見てくれない」
父「どれどれ……うーん、デッサンはいいけれども、色の使い方がもう一つだな、全体として六〇点かな」

子どもにすればまったく期待はずれの反応で、もう持ってこないでおこうと思います。

### ⑬相手に判断を委ねた場合

では、相手に判断を委ねるというやり方で勇気づけてみましょう。

子「ねえねえ、お花の絵を描いたんだけれど見てくれない」
父「うーん、君はどの部分が一番気に入ってる？」
子「この葉っぱの感じを工夫してみたんだけど」
父「なるほどね、とても素敵だと思う。私もここは好きだね」
子「うれしい」

このように、まず相手の判断を聞いてみること。こちらがあらかじめ判断をして押しつけるのではなくて、相手がどこが一番いいと思っているか、あるいはどこがうまくいっていないと思うか、まず相手の判断を聞いて、その上でどこを勇気づけるべきかを決めるということも大切なことだと思います。

### ⑭否定的な言葉を使って励ました場合

次に、否定的な表現、マイナスの言葉を使いながら相手を励まそうと思って、かえって勇気をくじくという例です。

子「僕、不器用だから工作が上手にできないんだ」
母「やる前からそんなことでどうするの。やらないと上手にはならないわよ」

何か叱られたような感じがしますね。

そもそも最初から勇気がくじけているのが、こういうふうに言われることによって、何かいっそう、これでうまくいかなかったらまた叱られるなという感じがして、やる気を失ってしまいます。

### ⑮肯定的な言葉を使って励ました場合

ではこれを肯定的なメッセージ、よい部分を評価するメッセージに変換してみます。

子「僕、不器用だから工作は上手にできないんだ」

母「早くはないけれど、とても丁寧に仕上げていると思うわ」

子「そうかなあ」

自分の欠点だと思っている部分、つまり不器用で、なかなかうまく早くできないという部分を、早くないけれども丁寧に仕上げているという肯定的な言い方で、別の側面にスポットライトを当ててあげますと、子どもはとても勇気づけられます。

### ⑯あなたメッセージを使って励ました場合

では次に、「あなたメッセージ」、つまりあなたはよいとか、あなたは悪いとか、あなたはこうすべきだとか、あなたはこうすべきでないとかいう、相手中心に言っていくやり方で勇気をくじく例です。

子「ねえねえ、あれ買ってよ」
母「もう大きいのにそんな言い方するんじゃありません。みんなが見て笑ってるわよ」
「大きいのにそんな言い方するんじゃありません」と言うのは、「あなたはそんな言い方をすべきではない」という意味ですね。ですから、「あなたメッセージ」です。この言い方は何か突き放されたような、愛されていないような、そんな雰囲気を感じますね。それから「みんなが見て笑っている」という言い方を聞きますと、「お母さんの体裁のほうが、僕よりも大事なんだ」という感じを子どもは抱きます。

## ⑰私メッセージを使って励ました場合

ではこれを「私メッセージ」、つまりお母さんの感情、考え中心のメッセージに変換してみます。
子「ねえねえ、あれ買ってよ、ねえ買ってよ」
母「お母さんはそんな言い方、好きじゃないな。もう少し違った言い方で言ってみてくれないかな」
子どもは、これは脈があるなとまず考えます。そして、この言い方ではだめだけれども、何か言い方を工夫すればきっとお母さんは聞いてくれるに違いない、そしてお母さんと私の間にはコミュニケーションが絶たれていない、絶交状態にはなっていないのだという感じを持ちます。

このような言い方を子どもに向かってときどきすることによって、子どもはコミュニケーションの技術に関心を持ち、相手を傷つけないで、自分の要求を通す方法を工夫するようになります。

### ⑱主観的意見を事実言葉で言った場合

次に、主観的意見にすぎないものを、事実であるかのように言って、相手の勇気をくじき、感情を逆なでするやり方の例です。

妻「隣の奥さんって意地悪なのよ」

夫「それは違うよ、間違っているよ。あの人はいい人だよ」

妻「ええ、ええ、どうせ私はいやな女ですよ」

夫は妻のことをいやな女だと言った覚えはないのですが、妻のほうはくらべられているような、いやな気持ちになります。

### ⑲主観的意見だとはっきりさせた場合

同じ内容を、私の主観的意見だということを強調して言うことによって、トラブルを避けてみましょう。

妻「隣の奥さんって、本当に意地悪なのよ」

夫「ふーん、君はそう感じるのか。でもその意見には僕はあまり賛成できないな。あの人もあれでなかなかいいところがあるように思うんだけれどね」

妻「そうかしらね」

これだと妻の感じ方を否定されたわけではないので、一度そういうふうにも見てみようかなというふうに思えます。

勇気づけるという言葉は、「新しい見方をしてみようかなと勇気づける」、というふうにも使うことができますので、これは勇気づけをしたことになるわけです。

### ⑳ほめて叱咤激励した場合

では最後に、ほめたり叱咤激励したりというやり方で相手の勇気をくじくという、典型的な例です。

妻「ねえあなた、今日はちょっと変わったお料理をつくってみたんだけど」

夫「ほう、どれどれ……うんうん、偉いね、よくやった。これからも頑張るんだよ」

偉い人に上からほめていただいたといういやな感じを受けて、対人関係が縦関係になってしまいます。こちらとしてはほめたつもり、勇気づけたつもりなのですが、相手は、馬鹿にされたような、あるいは勇気をくじかれたような感じを強く抱いてしまいます。

## ㉑共感・感謝をした場合

ではこれを、ありがとうとか、うれしいとか、感謝し共感するという言い方に変えてみます。

妻「ねえあなた、今日はちょっと変わったお料理をつくってみたのよ」
夫「ほう、どれどれ……こんな手のこんだものをつくってくれたのかい。大変だったろう。うれしいよ、ありがとう」
妻「喜んでいただけて、つくった甲斐があったわ」

これだと喜んでいるということがストレートに伝わって、妻はうれしくなるでしょう。お料理が上手にできたという妻のうれしさ、あるいは、それをつくってもらったということの夫のうれしさ、そのうれしさを共有するということ、それが一番大切なテーマです。

ところがしばしば、成果、できあがったお料理というほうに注目がいってしまって、かえって相手の勇気をくじくという結果になってしまうわけですね。

## Q&A

――勇気づけによいタイミングというのはありますか。

原則としてはありません。すなわち、適切な行動をしたら、できるだけ早い機会に勇気づけること。たとえば「四日前の朝ちゃんと起きてきたのは、お母さんはとてもうれしかった」というような言い方は、あまり勇気づけにならないでしょう。起きてきたその場で勇気づけること。

それから、相手が勇気づけを欲している場面、ほしがっている場面ですかさず勇気づけること。勇気づけをほしがっている場面というのは、たとえば何かを達成してとてもうれしそうにしているとか、逆に何かに失敗してとても悲しそうにしているとか、そのような場面ですね。そのときにすかさずすること。

けれども、タイミングをのがすことだってありますよね。タイミングをのがしてしまったからといって何もできないのではなくて、たとえ四日前の朝起きであっても、言わないより言ったほうがましだと思います。

――今自分の言った言葉が、相手に対して勇気づけになったかどうかというのは、どういうふうにして判断したらいいのでしょうか。

とても簡単です。相手に聞いてみればいい。これが一番いいと思います。

こういうことをあまり軽視してはいけない。日本人特有の癖かもしれないんですが、親子や夫婦の間で、「私が今言ったことどんなふうに感じた?」っていうようなことを話し合うことが少ないと思うんですね。これは、親子といえども、夫婦といえども基本的には他人なわけですから、感じ方は違うんです。私がたとえ勇気づけるつもりで言ったことであっても、相手はそれを別の意味で受け取っている可能性は絶えずあります。

ですから、相手の感じ方を知っておくために、ときどき「今言ったことどうだった?」って、「今言ったのどう思う?」って聞いて確かめていただきたいと思います。

# 第2章

# 上手な自己主張

Adler

# 3. 主張性――相手の行動に影響を及ぼす

「上手な自己主張*の仕方」について考えましょう。

ここでは「主張性」という言葉を使いますが、主張性のある行動というのは、他の人たちとよい人間関係を持ち、仲よくつきあうためにとても必要なことです。

挨拶、礼儀作法、あるいは世間話の技術というようなものも、もちろん大切ですが、それらはそれほど修得するのに難しい技術だとは思いません。

心理学、特に「言語心理学」と呼ばれる分野では、人間とのコミュニケーション行動を二種類に分けて考えます。一つは、たとえば挨拶とか、たとえばこの花はきれいですねというふうに、相手に対する要求を含まないで、ただそこに起こっていることを言葉に置き換えて伝えるという行動です。

もう一つの種類は、あれをしてくださいとか、それをやめてくださいとかいうふうに、相手の行動に影響を与えるための言葉です。

どちらが難しいかと言いますと、相手の行動に影響を与える、つまり自分の要求を伝えたり、相手の要求を断わったりするほうが、圧倒的に難しいわけです。従っ

*白状しますと、私自身は、自己主張がそれほど上手ではないんです。「自己主張が上手ではないのに、自己主張のやり方について講義するのはいんちきではないか」とおっしゃるかもしれませんが、それはそうでもない。スポーツだって、コーチが選手よりも上手なわけではないでしょう。私は、自己主張については、選手になるよりもコーチでいたい気がするのです。何しろ内気なものですから。

て、その技術が身につけば、人間関係はとても楽になります。そして、多くの人たちといい関係を持つことができるようになります。

実際、人間関係の悩みは、自分の要求を相手に伝える、あるいは相手の要求を断わるということに関するトラブルから起こっていることが多いように思います。

上手に自己主張ができる、上手に相手の要求を断わることができるというのは、よい人間関係を持ち、多くの人たちと仲よくいい生活をしていくためにとても必要な条件だと思います。

### ◆頼み方の四つのパターン

さて、人とつきあうのに、どうしても我々の内側の要求を相手に伝えるということが必要になるわけです。

我々の要求は他の人の要求と合致するとは限りません。我々が要求することを相手が何の抵抗もなく受け入れてくれれば、人間関係はとても楽なのですけれども、実際には決してそうはいきません。我々が要求することを相手が断わり、あるいは相手が要求することを我々が断わるということがしょっちゅう起こるわけです。

そのように、我々の要求と相手の要求とが食い違って、そこで断わるというようなことが起こるときに、要求の仕方にいくつかの種類ができてきます。

多くの場合、最初に物を頼むときには、たとえば、「すみませんが、少しお金を貸していただけませんか」というようなことを言う場合には、とても上手に頼めるのですが、相手がそれを断わってきたとき、次にどうするかが問題です。まだそういう丁寧な、理性的な態度を保てるか、あるいは攻撃的になって感情的になって相手を罵《ののし》ってしまうかの分かれ道にくるわけです。

## ①主張的な自己主張

さて、相手と私の要求がこのように食い違うときに、相手に自己主張し、要求する行動に、四種類の区別ができます。

第一番目は「主張的」な頼み方ということです。ここで主張的という言葉を使っているのは、私の要求をはっきり言葉にして言う、しかも相手の気持ちを傷つけないように配慮するという、そういう言い方です。これはもちろん最も望ましいあり方です。

私の言いたいこと、私が望んでいることをはっきりと相手に伝える、しかもそれによって相手が傷つかないように、相手が勇気を失わないように配慮をするというのは、これは最も望ましい態度なわけですが、いつもこのようにふるまっていると は限りません。

## ②非主張的な自己主張

第二番目は「非主張的」なやり方です。それは、相手が傷つくことをおそれて、あるいは相手に傷つけられることをおそれて自分の要求を口に出さないでいるという、引っこみ思案な態度です。このような態度をとる人も多く見受けられます。

言いたいことはある、してほしいことはあるけれども、それを言うと相手が傷つくのではないか、あるいはその反応として、相手から攻撃が返ってきて自分が傷つくのではないか、そのようなことをおそれて、結局要求を言わずじまいで終わるということです。

この態度はあまり望ましい態度ではありません。なるほど人間関係のトラブルは避けられるかもしれませんけれども、私の望んでいたことが相手に伝わらないわけですから、最終的にやはり誤解されたままで終わるということになる可能性があります。

我々には自分の要求を口に出して言わない権利があります。しかしながら、そのときにはいくつかの責任を引き受けなければなりません。自分の要求を口に出して言わない権利を主張すると、相手にもまた要求を口に出して言わない権利を認めるという責任を引き受けなければなりません。

また、これが問題なんですが、相手に誤解されてしまうという責任を引き受けなければなりません。こちらが伝えなかったわけですから、相手が誤解したとしても、それはこちらの責任です。

非主張的な態度、自分の要求をはっきり口に出して言わない態度は、結局、対人関係をその場はうまく取り繕うかもしれないけれども、長い目で見るとこじらせていく大きな要因になります。

### ③攻撃的な自己主張

第三番目の態度として、「攻撃的な態度」というのがあります。これは、自分の要求をはっきり口に出して言うが、同時に相手を傷つけるという態度です。相手を傷つけることによって、たとえばおびえさせることによって自分の要求を通そうという態度です。これが対人関係のトラブルのもとであることは言うまでもないと思います。

多くの人は、非主張的であるか、あるいは攻撃的であるか、その二つの軸を行ったり来たりして、主張的な行動をとれない状態にあります。主張的なやり方を学ぶことによって、非主張的な態度、あるいは攻撃的な態度から脱却することができます。

## ④復讐的な自己主張

もう一つ、第四番目にさらに具合の悪い態度があります。それは「復讐的」な態度です。復讐的な態度というのは、自分の要求を口に出して言わず、かつ相手を傷つけるというやり方です。それは多くの場合は、コミュニケーションの一連の流れの一番最後に起こってきます。「いいよ、もうそんなに言うなら頼まないから。そのかわりあとで覚えておけよ」というような言い方です。「頼まない」というふうに自分の要求を引っこめておきながら、「あとで覚えておけよ」というようなことを言って相手の感情を傷つけるというのが復讐的なやり方です。これは非常に具合の悪い、対人関係をこじらせるやり方です。

もう一度まとめておきますと（七一ページ図参照）、自己主張のやり方、要求の仕方には、四つのやり方があることになりますが、それは、「自分の欲求をはっきり表現する」、それから「自分の欲求をはっきり表現しない」という一つの軸と、それから、「相手を傷つけないように配慮する」「相手を傷つけてでも行動する」というもう一つの軸とで、四つのマス目ができるわけです。

自分の欲求をはっきり表現しながら相手を傷つけないように配慮するというやり方を「主張的」と言います。自分の要求を引っこめて、そして相手を傷つけないようにするというやり方を「非主張的」と言います。自分の要求を通すために相手を傷つけることをあえてするというやり方を、「攻撃的」と言います。自分の要求は引っこめてしまって、かつ相手を傷つけるという最も具合の悪いやり方を、「復讐的」と言います。

## 主張的な自己主張とは

我々は、非主張的なやり方、あるいは攻撃的なやり方、そしてコミュニケーションを打ち切るためには、復讐的なやり方というのをしばしば選んでしまいます。これは、すべて不適切な行動です。不適切な行動をとってしまう大きな理由は、適切なやり方を知らないからです。すなわち、主張的な方法を身につけていないからです。

主張的な方法を身につけることで、非主張的なやり方、あるいは攻撃的なやり方、あるいは復讐的なやり方は自然に減っていきます。

どうすれば主張的に自己主張ができるか、そのことについて具体的なテクニックを話していきたいと思います。

### ①横の関係に立つこと

まず第一番目に、これは何度も出てきたテーマですが、「横の関係」と「縦の関係」というのがあります。相手との関係が縦の関係にありますと、非主張的、あるいは攻撃的、あるいは復讐的なテクニックをとりやすくなります。

ですから、そのような縦の関係を脱却して、対等の人間として、お互い同士の共通の目標達成のために協力しあう、あるいは共通の目標でなくても、相手に貢献を依頼しそれに感謝するという横の関係をはっきりと意識するということ、これがまず一番最初に大切なことであると思います。

### ②理性的であること

第二番目には、絶えず「理性的」であろうとすること。

日本人は、理性的であることは冷たい、理性的なコミュニケーションはよくないコミュニケーションであり、感情を伴ったコミュニケーションがよいコミュニケーションだというふうに感じる傾向があります。

確かに、喜びであるとか、楽しさであるとかプラスの感情をコミュニケーションを通じて分かちあうというのは、よいコミュニケーションの条件ですが、怒りであるとかおそれであるとか不安であるとか、そのようなものを対人関係の場に持ち出して、相手にそれを投げつけることによって目的を達成しようというやり方は、攻撃的、復讐的なやり方であって、よいコミュニケーション行動とは言えないと思います。

いつも冷静に、自分の言葉を使って自分の要求を述べて、相手に自分の立場を理解してもらうように努めようというふうに意識しなければなりません。

感情的なコミュニケーションでは、感情を使って相手を支配しようとし、また、絶えずどちらが勝ちでどちらが負けかを争います。もしも自分の要求が通れば自分の勝ち、要求を断わられれば自分の負けという設定をしてしまうのです。

自分の要求を通す、あるいは相手の要求を断わるということは、勝ち負けの競争ではありません。これは協力のための手続きなのです。ですから、仮に断わられたとしてもそれは負けたことではないし、そのことについて感情的になる必要はありません。絶えず、理性的に、頭を冷やしてつきあうことが大切だと思います。

**③論理的であること**

第三番目に、きちんとした論理を使うこと。つまり詭弁を使わないでおこうということです。

我々が一番よく使う詭弁は、自分の主観的な意見にすぎないものを、あたかも事実であるかのように言うというやり方です。これについては、すでにお話をしました。自分の主観的な意見は意見として言おう、そしてその意見に対して自分で責任

## 主張的に要求を伝える

| | 相手を傷つけない | 相手を傷つける |
|---|---|---|
| 要求を表明する | 主張的 | 攻撃的 |
| 要求を表明しない | 非主張的 | 復讐的 |

| 主張的要求行動 | 攻撃的要求行動 |
|---|---|
| **横の関係**<br>自分と相手とは対等。<br>協力と相互貢献。 | **縦の関係**<br>自分が上で相手が下。<br>支配と服従、保護と依存。 |
| **理論的**<br>冷静に言葉で要求を伝える。<br>理解してもらえるかどうかが主題。 | **感情的**<br>感情を使って相手を支配する。<br>勝つか負けるかが主題。 |
| **論理的**<br>意見を意見として言う。<br>妥協点を探す。 | **詭弁的**<br>意見を真実であるかのように言う。<br>すべてか無かの論理。 |
| **責任ある権利主張**<br>相手の権利をも認める。<br>相手への影響に責任をとる。 | **無責任な権利主張**<br>自分の権利だけ主張する。<br>相手への影響には責任をとらない。 |
| **依頼口調**<br>～していただけませんか。<br>もし～していただけるとうれしい。 | **命令口調**<br>～しなさい。<br>～すべきだ。 |
| **非固執的**<br>主張的な範囲にとどめる。<br>無理なら断念する。 | **固執的**<br>絶対に要求を押し通すために、手段を選ばない。 |

を持とうということです。

それから、論理的であるということは、妥協案を探そうということでもあります。何が何でも自分の意見を百パーセント認めさせようとするならば、我々は必ず感情的になります。

要求の全部がもし通らないとすれば、そのいくらかでも通してもらえるように努力しましょう。全部通らないならば諦めたほうがまし、百でないならばゼロのほうがましというふうに決して考えないで、四〇でも五〇でも譲歩を勝ちとれるようにしましょう。このようなやり方を絶えず意識しなければなりません。

**④権利と責任を意識すること**

それから、絶えず自分の「権利」とそれに伴う「責任」ということを意識しましょう。

我々には自己主張しない権利があると言いましたが、同時に自己主張する権利もあります。

我々は相手に要求する権利がありますが、それにはいくつかの責任が伴います。一つの権利を主張すると、形式的には三つの責任が伴うと思っていただくといいでしょう。

第一番目には、同じ権利を相手にも認める責任です。ですから、私が「このようにしてください」と自己主張すると、相手も自己主張することを認めなければならないのです。つまり、「それはいやです」と言う権利が相手にあるのだということです。「あなたはこれを断わる権利がない」と言うことはできないということですね。

それから第二番目に、自分の権利主張に伴うあらゆる結果を引き受けるということです。自己主張したために対人関係にさまざまなことが起こりますが、それを自分の責任で引き受けるという覚悟を最初からしておくということです。

第三番目に、要求をするという権利を主張することによって、相手を傷つけることはしてはいけないということがあります。相手を傷つけないように、最大限の配慮をする責任があるということですね。ですから、攻撃的になったり復讐的になったりする権利は、本来人間にはないのだというふうに考えたほうがいいと思います。権利主張には絶えず責任が伴うんだということを忘れないようにしたいのです。

それから、非固執的であっていただきたい。つまり、こだわって、何が何でも最後まで、どんな手段を使っても自分の主張を通そうと固執をしますと、必ずトラブルになります。ある時点で引き下がる覚悟をしておくこと。あまりに強烈にこだわらないこと。もしも攻撃的になり復讐的になって終わるのであれば、まだ非主張的になって終わるほうがましだということです。

ほとんどの場合、我々の要求は、そのときその場で全部解決しなければならないものではないと思うのです。今頼んだけれどもだめだったとしたら、攻撃的になって、復讐的になって終わるよりも、いったん非主張的になって引っこんでおいて、そしてもう一度工夫をしましょう。

まあ、俗な話をしますと、相手の機嫌というのもあるわけですね。だから今日は機嫌が悪かったのかもしれない。今度機嫌のいいときを狙ってお願いをしてみようと思うことにしましょう。そうするとうまくいくかもしれない。

このように、固執しないこと。たった今、ここで何が何でも全部を通そうと思わないこと。小さな変化でもいいから、起こればいい、それが少しずつでも大きくなっていけばいい、時間はかかるかもしれない、でも自分を理解してもらい、自分の要求が通っていけばいいというふうに考えましょう。

### ⑤依頼口調を使うこと

基本的な態度としてはそういうことだと思うんですが、少し具体的なテクニックをお話ししたいと思います。

これは「勇気づけ」のところでも少し話しましたが、「命令口調」を決して使わないということです。「これをしなさい」とか、「これをすべきだ」とか、そういう言い方を使いますと、必ず攻撃的になります。

命令口調には、「これをすべきだ」とか「これをしなさい」というような硬い命令の仕方だけではなくて、たとえば「これをしてください」「こういうふうにしてちょうだい」とかいうような、比較的柔らかい言い方もあります。しかし、そうした言い方を使っても、やはりなお命令口調だと思います。

命令口調にかわる言い方として、依頼口調、つまり相手に頼むという言い方を身につけたいと思うのです。

依頼口調には二つのパターンがあります。一つは「〜してくださいませんか」とか「〜してくれる？」といった疑問文を使う方法です。もう一つは「〜してくださると助かるのですが」とか「〜してくれるとうれしいな」といった仮定文を使うやり方です。いずれも対人関係をとてもスムーズにします。

## 上手な自己主張の実例

①非主張的な頼み方の例
妻「会社の帰りにスーパーに寄ってお肉を買ってきてくださらない？」
夫「面倒くさいなあ」
妻「そう、じゃあいいわ」

最初の、「会社の帰りにスーパーに寄ってお肉を買ってきてくださらない？」という言い方は主張的な言い方ですね。主張的な頼み方は、依頼口調を使うとうまくいくのですが、「買ってきてくださらない？」という疑問文による依頼口調を使っています。

夫の「面倒くさいなあ」というのは、必ずしも拒絶をしたわけではないのですが、間接的には拒絶です。しかも、どちらかというと攻撃的な、少し感情を使った断わり方ですね。

これに対して妻は、「そう、じゃあいいわ」というふうに、自分の要求を引っこめてしまいました。もしこれ以上コミュニケーションを続けると、トラブルが起こりそうな感じが少しありますね。

こういう場合に、相手を傷つけ、あるいは自分が傷つけられることをおそれて、コミュニケーションを引っこめてしまうことを、非主張的なやり方と言います。

### ②攻撃的な頼み方の例

次に、もう少し積極的な奥さんに変身して、攻撃的な頼み方をしてみます。

妻「会社の帰りにスーパーに寄ってお肉を買ってきてくださらない？」

夫「面倒くさいなあ」

妻「あなただってこれくらいしてくれたっていいと思うわ。だから買ってきてください」
さいね」
夫「あーあ、わかったよ。買ってくればいいんだろ」
「あなただってこれくらいしてくれたっていいと思うわ」という言い方は、すでに攻撃のニュアンスを含んでいます。「あなたは自分の義務を充分に果たしていない、これはあなたの義務に属するものだと思う」というわけです。

きっとこのあと続けると、「あのときもしてくれなかった、このときもこんなことがあった」と、どんどん出てくるだろうと、夫はすでに身がまえるわけですね。それを妻のほうはちゃんと計算に入れている。その上で「だから買ってきてくださいね」というふうに、かなり切り口上に言っています。

夫は「あーあ、わかったよ、買ってくればいいんだろ」というふうに言っていますが、これはやや復讐的な終わり方です。「わかりました」というふうに、非主張的に受け取るのではなくて、「わかったよ、買ってくればいいんだろ」と、少し相手を傷つけながら撤退をするという、復讐的な終わり方になっています。

攻撃的な頼み方がありますと、もしもそれを引き受けるとすれば、必ず復讐的な終わり方になります。

## ③復讐的な頼み方の例

次は、復讐的な頼み方、というか、頼むのを断念してしまって、相手を傷つけることを主目的にするやり方です。

妻「会社の帰りにスーパーに寄ってお肉を買ってきてくださらない？」

夫「面倒くさいなあ」

妻「いいわよ、もう頼まないわよ。そのかわり、今夜は何を食べさせられても、文句言わないでね」

夫「ふん、勝手にしろ」

妻は、「いいわよ、もう頼まないわよ」と、ここで主張を引っこめてしまっています。「そのかわり、今夜は何を食べさせられても文句言わないでね」と、相手に釘を一本刺していますね。これは明らかに相手を傷つけることを目的にしたコミュニケーションです。

それに対して夫のほうも「ふん、勝手にしろ」という言い方で、非主張的であるよりは、むしろ復讐的なやり方で終わっています。

復讐的なやり方でコミュニケーションを打ち切りますと、相手の側も復讐的なやり方で受けることが多いようです。

このケースでは両方とも、ただ相手を傷つけるということだけを目的に動いています。つまり、コミュニケーションの目的が、途中で切り替わっているわけですね。お肉を買ってくるか買ってこないか、家事に協力するかしないかというテーマから、いかに効果的に相手を傷つけるかというテーマに切り替わってしまったのです。

このように、復讐的あるいは攻撃的なメッセージが使われる場合には、コミュニケーションの目的が無意識のうちに切り替わっているということがあります。

### ④主張的な頼み方の例

では最後に、主張的な頼み方の例です。

妻「会社の帰りにスーパーに寄ってお肉を買ってきてくださらない？」
夫「面倒くさいなあ」
妻「お疲れだとは思うんだけど、買ってきてくださるととても助かるんですけど」
夫「仕方がないな、じゃあ買ってくるか」
妻「お願いします」

このように夫の「面倒くさいなあ」に対して、妻は、「お疲れだとは思うんだけれど」と、相手の状態を認めておいて、「買ってきてくださるととても助かるんですけど」という仮定文を使った依頼口調を使いました。

これに対して夫は、「じゃあ買ってくるか」というふうに、非主張的に、それを受け入れるかたちでコミュニケーションが終結しました。

この中では、怒りであるとか、不安であるとかいう陰性の感情のやりとりがないのが特徴です。しかもコミュニケーションの目的はずっと維持されています。

先ほどまでのどの方法も、コミュニケーションの結果、二人の関係が少し疎遠になった、あるいは非常に疎遠になったという感じがします。それに対して主張的な頼み方は、上手に行なわれた場合には、頼むことによって、対人関係をかえって強化します。

### ◆断わる場合のパターン

では次に、断わり方の実験です。頼み方と同じように断わり方についても、「主張的」「非主張的」「攻撃的」「復讐的」の四つのパターンがあります。

頼み方、断わり方を混ぜた、少し複雑なコミュニケーションをやってみます。この例の中では、攻撃的な断わり方、攻撃的な頼み方、復讐的な頼み方、復讐的な断わり方などが複雑に使われています。

夫「犬の散歩に行ってきてくれないかな?」

妻「ちょっと今、手が離せないから、あなたが行ってくださいな」

夫「うーん、じゃあその用事がすんでからでいいから行ってくれないかなあ」

妻「これが終わったら近所の集まりに行かなくちゃならないのよ。あなたこそ暇そうになさっているんだから、ご自分でいらっしゃったらどうなの」

夫「今日はねえ、疲れているんだよ」

妻「いつもそんなことばかりおっしゃって、何でも私に押しつけるんだから。私だって忙しいのよ」

夫「ふん、忙しいが聞いてあきれるよ。近所の集まりって言うけど、どうせ井戸端会議だろ」

妻「何よ、井戸端会議だなんて、失礼ねえ。あなたこそつきあいだの何だのって遊んでばかりで、少しも家のこと手伝ってくださらないんだから。私はあなたの奴隷じゃないのよ」

夫「やれやれ、いつものヒステリーがはじまった」

まず最初の「犬の散歩に行ってきてくれないかな？」ですが、これは疑問文を使った主張的な頼み方です。これに対する妻の「ちょっと手が離せないから、あなたが行ってくださいな」もわりあい主張的な言い方ですね。夫が「じゃあその用事がすんでからでいいから行ってくれないかなあ」と、また主張的に頼んだのに対して、妻は「あなたこそ暇そうになさっているんだから」と言いますが、これは攻撃的なニュアンスが強いですね。しかもこれは、「あなたは暇そうに見える」という主観的な判断を、あたかも客観的事実であるかのように主張している詭弁的なメッセージです。

夫のほうが「今日は疲れているんだよ」と、少し攻撃的なニュアンスで断わると、妻は「いつもそんなことばかりおっしゃって、何でも私に押しつけるんだから。私だって忙しいのよ」と、いっそう攻撃的になります。

このあたりで犬を散歩に連れて行くかどうかはテーマではなくなって、どちらがより忙しく、どちらがより疲れているかという縦の関係の競争関係、すなわち、どちらが上でどちらが下かの背くらべになってしまったわけですね。

夫は完全に感情的になって「近所の集まりって言うけど、どうせ井戸端会議だろ」と、相手を侮辱することによって傷つけようとします。実際上、このメッセージは復讐的にしか使われていません。

妻の「あなたこそつきあいだの何だのって遊んでばかりで、少しも家のことを手伝ってくださらないんだから。私はあなたの奴隷じゃないのよ」というのも、本来のテーマをはずれた復讐的行動です。

もはや犬の散歩はどうでもよくなって、どちらが正しくてどちらが間違っているかという権力闘争の構造に陥っています。

夫はここで非主張的になりまして、「やれやれ、いつものヒステリーがはじまった」と言って、まあこそこそと犬の散歩に行くのでしょう。全体として、非常にまずいメッセージのやりとりになっています。

◆主張的な断わり方

そこで一つ、これを主張的なやり方に変換をしてみたいと思います。

夫「犬の散歩に行ってくれないかな？」

妻「ちょっと今、手が離せないから、あなたが行ってくださるととても助かるんですけれど」

夫「ああ、でもその用事がすんでからでいいから行ってきてくれないかなあ」

妻「これが終わったらご近所の集まりに出かけなくちゃいけないの。ごめんなさいね。申しわけないけれど、今日はあなたが行ってくださらない？」

夫「うーん、仕方がないなあ、じゃあ行ってくるか」

妻「まあ、助かるわ」

夫「そのかわり、明日は行ってよね」

妻「うーん、そう、わかったわ」

最終は非主張的になって終わっているわけですが、強制されて、これ以上傷つけられることから逃げて言っているのではなくて、相手の論理が納得ができたから行くという感じがして、いやではないようですね。そして、二人の関係は悪くならないでつながっています。

## ◆言葉にしないと伝わらない

日本人は自己主張が強いということをいやがる傾向があります。非主張的であることを美徳であるかのように言う傾向がありますが、これは「私が言わなくても相手は自分の要求をわかってくれて、それを実現してくれて当然だ」という、依存的なライフスタイルを持っているということを示しています。

では、非主張的であるときに、まったく何も主張していないかというと、多くの場合そうではなくて、態度、そぶり、雰囲気などで自分の主張を結構強く出しているわけですね。それが相手に伝わるように、意識的に、あるいは無意識に工夫をしているわけです。そのような人たちは、相手がその要求を察知してくれないと、やがて攻撃的になります。「私がこんなに困っているのにどうしてわかってくれないのよ」と言いだすわけです。この態度は決して成熟した、健康なライフスタイルから出てくるものとは言えません。

我々は、自分のしてほしいことをはっきりと言葉に出して相手に伝えるということを学ばなければならないと思います。たとえ我々の伝統的な文化がどのように規定していくのであれ、そこから脱却していく必要があると思います。

夫婦であるとか親子であるとか、あるいは職場の人間関係であるとかいう中で、自分の要求を冷静に、相手に理解できるようにして言うということは、これから先、よりよい社会になっていくためにとても大切な要素だと思います。

もちろん、表情であるとか態度であるとかいった、いわゆるボディ・ランゲージと呼ばれるものは、コミュニケーションに大きなアクセントをつけるわけですが、それにもかかわらず、口から出てくるはっきりとした言語こそが、相手に思いを伝える最も的確な、最も正確な方法であるのです。

職場の人間関係でももちろん大切ですが、夫婦関係の中でも主張的であることは、とても大切だと思います。黙っていてもわかり合うという関係が望ましいと多くの人は思っていますし、実際に黙っていて完全にわかり合っているとすれば、それは素晴らしいことだと思います。しかしながら夫婦というものは、違う家庭から出てきて、違う家庭の文化を担いながら、新しい一つの家庭をつくっていかなければならない宿命にあるわけです。特に結婚生活がはじまった当初は、多くのことを違うふうに理解しているのが普通です。

それを言葉でやりとりをする、それは日常生活のさまざまなやり方からはじまって、究極的には性生活のあり方に関するまで、お互い同士、してほしいこと、してほしくないことを相手に言葉で伝えるという努力を、我々はしなければならないと思います。

私が臨床の場面で、親子関係あるいは夫婦関係のトラブルをカウセリングしていますと、その問題の七、八割は主張性の問題と関わりがあります。主張的なコミュニケーションの方法を身につけていただきさえすれば、感情的なトラブルの多くはなくなっていくはずです。

感情を制御するというのは、感情そのものにアタックするのではなくて、感情を使わなくてもコミュニケーションする方法を身につけることだと前にお話ししたことがあります。

感情を使わないで理性的にコミュニケーションをしようという決意をし、その方法を身につけることによって、感情的になることが少なくなります。その結果、夫婦関係、親子関係、あるいは職場の人間関係がいつも穏やかなプラスの感情の中で行なわれることになります。これがよい人間関係を実現するための一つの大きな方法です。

Q&A

——主張的に表現すると、どんな要求でも通るのですか。

残念ながらそうではありません。主張的に要求をすると、自分の要求が通る可能性は、攻撃的に要求する場合よりもたぶん増えます。多くの場合は、主張的に要求したほうが聞いてもらえる確率が高くなるということです。

多くの人たちは誤解をしていて、攻撃的に要求をしたほうが要求が通るだろうというふうに思っていますが、実際にやってみると、主張的に要求をしたほうが、相手の側は、その要求を聞いてあげたいという気持ちが増えて、かえってその要求は通りやすくなることがありますが、それでも百パーセント通るわけではありません。なぜならば、人間の利害関係というものは、どこか対立するところがどうしても残ってしまうからです。

あらゆる努力をして、主張的であって、かつ要求を通すことができなかった場合には、攻撃的になるよりはその主張をいったん引っこめて、のちほどまた工夫をして、別の言い方を考えてみて要求をするということをお勧めします。

——相手が攻撃的になったり、復讐的になったりしたときにはどうすればいいんでしょうか。

我々がいかに主張的であろうと努めても、相手が攻撃的になり、復讐的になるときがあります。そのときに相手は、権力闘争をしかけているのです。

相手が権力闘争をしかけ、こちらが同じように攻撃的になりたい気持ちがあるときの対処策は、そこから降りることです。その場をとにかく離れて、いったん非主張的になって、自分が冷静でいられるように、すべてのコミュニケーションを打ち切ることです。復讐的に打ち切らないで、非主張的に打ち切ってください。そしてしばらく時間を置いて、冷静に話せるかどうか、自分自身に確かめ、また相手にも「さっきの話について、さっきは感情的になってしまったから、少し話がしにくかったんだけれども、もう一度冷静に聞いていただけますか」というふうに問いかけてみて、冷静に話ができる状態をつくってから話をするのがいいと思います。

攻撃的なコミュニケーションを続行すると、最終的には必ずどちらかが復讐的になって、悪い後味を残して、二人の関係全体を悪くします。

――私は内気なたちで、いつも非主張的になってしまいます。どうしたら変われるでしょうか。

一言で言います。トレーニングです。

主張的な言い方を、とにかくまず言葉として学ぶこと、そして、今まで非主張的になった場面で、一度でいいからやってみること。

人間の心というのは面白いもので、たった一度でもできれば、二度目三度目は簡単にできます。一度もやったことのないことはとても難しいんです。

これは、自転車に乗ったり泳いだりすることと同じです。トレーニングをする前にはそれはとても難しいことのように感じられるけれど、いったん自転車に乗れるようになってしまうと、しばらく自転車に乗らなくてもまた乗ればすぐに乗れるでしょう。同じように、主張行動というのも、一つの筋肉の運動にすぎず、一つの態度にすぎないのです。一度身につけてしまえば、次からはとても楽にできます。

第3章

# 不適切な行動とその解決法

# 4. 勇気をくじかれるということ

不適切な行動という言葉は、少し耳慣れない言葉だと思います。普通、悪い行動、あるいは間違った行動、あるいは問題行動というような言葉が使われています。けれども、アドラー心理学では、あえて耳慣れない「不適切な行動」という言葉を使っています。

不適切、あるいは適切というのはどういうことかと言いますと、人間は常に、会社であるとか家庭であるとか、何らかの共同体の中に存在し、その中で行動しているわけですが、その共同体に対して破壊的であるような行動を「不適切な行動」と言います。その行動の結果、共同体の誰かが傷ついたり、共同体の存在そのものが脅かされたりするような、そのような行動を不適切な行動と言います。

多くの場合これは、一般に悪い行動、誤った行動、問題行動と言われているものと一致します。しかし、悪いとか誤ったとかというような言い方は、あまりあてにできない主観的な判断を含んでいると思うのです。あの行動は悪い、あの行動は誤っている、あのやり方は好ましくないというのは、それを評価する人の主観によって左右されるわけです。つまり、好みの問題という部分がだいぶあるわけですね。

ところが不適切な、という言い方は、より客観的な評価基準を持っています。主観的な好みではなくて、実際にその行動の結末を見て、共同体に対して破壊的であるかどうかということが、不適切な行動の基準だというふうにみなされるのですから。

まず、主に子どもの不適切な行動を中心にお話ししたいと思います。育児をしたり、教育をする中で、子どもたちのさまざまな不適切な行動を見かけます。そのときに、我々はそれをどのようにとらえ、対処すればいいかということを話していきたいと思います。

ここでは、話をわかりやすくするために子どもを例にとっていますが、大人の場合であっても基本的には同じことだと考えていただいて結構です。

### ◆不適切な行動だと自覚のない場合

子どもが不適切な行動をしている場合に最初に考えるべきことは、子どもはその行動を不適切だと知っているか知らないかということです。たとえば中学生がタバコを吸っています。それを見つけて、「もしもし君ね、中学生がタバコを吸うのは、よくないことなんですよ」って教えてあげます。するとその中学生が「ああ、そうでしたか、それは知りませんでした。では今日からタバコをやめます」と言うかどうか。まあ、百人のうち百人がそうは言わないと思うんですね。「そんなこと知ってるよ」って言うと思う。知っているけれどもやっているんです。この場合には不適切な行動だと知りながらやっているわけですね。

けれども、もっと小さな子どもが、たとえば蟻をいじめていたとします。で、「そんなことすると蟻さんだって痛いのよ」って言うと、「そうか」って言ってやめるかもしれません。その場合、蟻をいじめるのが不適切かどうか……不適切でしょうね。生物共同体に対して破壊的ですから。不適切だということを知らないでやっていたことになります。

不適切な行動だと知らないで不適切な行動をしている場合には、それが不適切であることを知らせて、そしてかわりに適切な方法を教えてあげれば、子どもは普通、従ってくれます。

もっとも、不適切な行動だとは知らないで不適切な行動をしているというようなことは、乳児や幼児にほぼ限られていまして、小学生にもなると、こういうことはまずめったにありません。小学生以上の不適切な行動ですと、ほとんどの場合、不適切な行動だと知りながらやっているわけですね。

## ◆不適切な行動だと自覚している場合

では、不適切な行動だと知っていながらなぜ不適切な行動をするか……。まず適切な行動のやり方を知らないために、心ならずも不適切な行動をしているということがあります。たとえば、学校の宿題があって、その宿題の解き方がわからない。しようがないから、そこへ漫画なんかを書いて提出をした。これは適切な行動の仕方を知らないから不適切な行動をしている場合ですね。そのときには適切な行動を教えてあげなければいけない。そうすればきっと不適切な行動をやめるだろう。しかしこれもわりと比較的まれなケースでして、実際には、不適切な行動であると知りながらやっていて、かつ適切な行動は何であるかということを知っている場合が多いのです。

適切な行動を知っていながら不適切な行動をやるというのはどんな場合かと言いますと、一つは、適切な行動でもってしては目的を達成できないと思っている場合です。これは非常に多く見受けられます。たとえば学校でカンニングをする、これは不適切な行動です。それが不適切な行動であることは子どもは知っています。適切な行動、つまりカンニングをしないで、自力で試験の答案を書かなければいけないのだということは知っています。しかしながらカンニングをします。それはなぜかというと、適切な行動でもってしては、目的、つまりいい成績をとるということは達成できないと、勇気を失ってしまっているからですね。

多くの問題行動はこの分類に属します。この子どもたちは、適切な行動で目標を達成する勇気を失っているわけです。

### ◆「勇気づけ」によって正していく

アドラー心理学では、人間が不適切な行動をする最も根本的な原因は、勇気を失っていることであると考えます。

適切な行動でもって目標を達成するということには、実際、大変たくさんの勇気がいります。不適切な、共同体に対して破壊的な、普通の言葉で言うと反社会的な方法で目的を達成するには勇気も何もいりません。

非行少年というのは、勇気をくじかれた臆病な子どもたちです。粗暴な、一見勇敢そうな行動をする子であっても、彼らは適切な、より地味な社会的に許容される行動でもっては、自らの目的を達成できないというふうに感じてしまっている子どもたちです。

このように勇気を失っている子どもたちに対しては、勇気づけることが必要です。勇気づけると言うと、励ますことだと思われるかもしれません。しかし、それは違います。「君にはできる、絶対大丈夫」というふうに、まだ達成できていないことを達成できるかのように言うことが、勇気づけだと考えるのは間違っています。このことはすでに第1章「勇気づけの方法」のところで話しました。

### ◆不適切な行動はなぜ改まりにくいか

一方には、不適切な行動を不適切と知りつつやっていて、しかも、不適切な行動でもって目的を達成している子どもがいます。不適切な行動でのみ目標が達成できる。適切な行動でもっては目標が達成できない状況にあるわけです。そのような場合が一番困ります。子どもの不適切な行動を改めさせようとしてなかなか改まらないケースのほとんどが、これに属します。

多くの教師や親たちが、私のところへ相談に来て、「この子はどうしても不適切な行動をやめません」と言います。それがたとえばいたずらであれ非行であれ不登校でもいいわけですけれども、「口を酸っぱくして言いました。考えつくあらゆることをしました。それにもかかわらず、この子は不適切な行動をやめようとしません」と言います。

このようなとき、「それにもかかわらず」ではないのだと私は考えるんです。「それだからこそ」やめないのだと……。口を酸っぱくして注意もし、ありとあらゆることを考え、援助をしてきた、それだからこそ、その子たちは不適切な行動をやめないのだ。なぜならば、その子たちの不適切な行動の目的は、まさに大人たちからそのような働きかけを引き出すことにあるからだと考えるのです。

### ◆不適切な行動には目的がある

普通、不適切な行動、俗に言う問題行動、あるいは反社会的な行動を見ると、我々はその原因はいったい何だろうか、なぜこの子はこんなことをするのだろうかと考えます。そのような考え方を原因論と言います。多くの心理学は原因論に立って考えていきます。しかしこの考え方は、実際の育児の現場、教育の現場、カウンセリングの現場ではほとんど役に立たないと私は思います。

たとえば不登校について考えてみましょう。不登校の原因は二種類のことが考えられます。

一つは社会的な原因です。たとえば学校でいじめられた、あるいは勉強ができない、あるいは先生との相性が悪い、さらには学校の体制が悪い、さらには文部行政が悪い、さらには日本の資本主義社会の構造が悪いと、どこまでも広がっていく。そのような社会的な原因、外側の原因、そういう原因が一つ考えられます。で、この外側の原因がわかれば、ではこの子の不登校は救済できるかというと、普通そうはいかない。

たとえば学校でいじめられている。では、いじめっ子たちの間をまわって「この子が不登校になって困るから、どうぞあなた方はいじめないでくれ」とお願いすれば、「それじゃあ、やめましょう」と言ってくれるかというと、それぐらいのことでは簡単にいじめっ子たちは引き下がってくれません。

あるいは学校の先生に、「この子との相性が悪いようですから、先生どうかこの子にもう少し配慮をしてください」と言いますと、多くの先生方は、「この子だけ特別扱いするわけにはいきません」というような言い方をするので、先生を変えることもできません。

さらにはもちろん学校の体制であるとか、文部行政であるとか、日本の資本主義社会の構造であるとかを、一人の不登校児のために変えることなんか、できる話ではありません。

そのように、外側の原因というものは、たとえそれが正しいにしても、それを変えることが普通困難であるので、その子どもを救済する役に立たないのです。

もう一つの原因論があります。それは時間的な原因論です。その子が不登校に陥るような性格を持つに至ったのはどうしてであるかを考えるやり方です。それはたとえば三歳までのスキンシップが足りなかったとか、あるいは胎教が足りなかったとか、もっとひどくなると前世の因縁が悪かったとかいうふうに、どこまでも過去にさかのぼっていく議論になります。

しかし、これも実際的には何の意味もありません。たとえば三歳までの育児が悪かったとしましょう。では、今その子が中学生だとして何ができるか。その三歳の時点までタイムマシンでさかのぼるわけにはいかないでしょう。

あるいは以前にスキンシップが足りなかったからといって、中学生の男の子とそのお母さんとが一緒にお風呂に入るというのは、私はあまりいい趣味だと思わないんですよ。

### ◆目的論に立つ心理学

このように、過去の原因というものを探っても、現在のこの子を救済するのにそれほど役に立たないのです。従ってアドラー心理学では、物事の原因を考えるという考え方を放棄します。原因がないと言っているわけではありません。原因を考えても解決につながらないと言っているのです。

およそ現代のすべての心理学の理論は、根本的には、人間の行動には必ず理由がある、いかなる行動にも、無意識的なんですが、理由があるというふうに考えます。多くの心理学は、この理由というのを、すなわち原因だと考えるわけですね。人間の行動にはすべて原因がある。

しかしながら、アドラー心理学だけは、と言ってもいいのではないかと思いますが、唯一アドラー心理学は、目的論に立つ心理学です。すなわち、人間の行動にはすべて目的がある。その目的は無意識的なものかもしれません、意識されているかもしれません。多くの場合には無意識的なものです。そのような目的があって、それを探っていくことによって問題は解決できると考えるわけです。

たとえば不登校という行動を見るならば、その不登校の目的はいったい何であるのか、このことを考えると、必ず解決策が見つかります。と言うのは、二つの理由によります。

一つは、目的は、過去にではなく未来にあるからです。過去を変えることはできませんが、未来を変えることはできます。

もう一つ、目的は、問題を起こしている子どもの外側にではなくて、その子自身の中にあるからです。目的はその子の頭の中にあります。ですから、その子と会うことができる限り、変えることができます。他のものはいっさい変えないでも。

## 不適切な行動の五つの目的

未来と今言いましたけれども、未来というものは、客観的な外界にそういうものが存在するわけではなくて、その人間のビジョンの中に未来があるわけですよね。

たとえば不登校を起こしている子どものビジョンの中にはその子の未来があって、その未来に向かってその子は行動している。だから、その目的が、もしも誤ったものであれば、変えてもらうことができるのです。

あるいは正しいものであっても、その追求の仕方が誤っているのであれば、もっと適切な方法でその目標を実現するように働きかけることができます。そうすれば、その子は行動を変えるわけです。

このように目的論に立つと、育児、教育、臨床、あるいは会社など現職の現場で、百パーセント実践的な、実用的な答えが得られるという利点があります。そのためにアドラー心理学では、行動の原因を問うことをせず、絶えず目的を問います。

人間の行動にはすべて理由があるというのはすなわち、人間の行動にはすべて目的があるという意味だという理解をします。

で、そのような立場に立って、不適切な行動と、その治し方を考えてみたいと思います。*

ある子どもが、不適切な行動でもって目的を達成しているとします。その目的とは何であるかというと、それは対人関係的な目的だと思います。たとえば親、たとえば教師、たとえばきょうだい、たとえば友達から、ある応答を引き出したいと思っている。たとえば喧嘩に勝つということでもってみんなから尊敬されたいと思っ

＊この話題は、野田俊作・萩昌子著『クラスはよみがえる』（創元社）という本で詳しく取り上げました。これは学校の先生のための本です。学校の先生は、ぜひお読みください。

ている。たとえば学校の成績が下がったということで誰かに励まされたいと思っている。あるいは叱られたいと思っているかもしれない。

そういう対人関係上の目的を達成するために、子どもは適切に、あるいは不適切にふるまうのです。

## ①賞賛を得る

人間は、ほめられること、いい反応をまわりから得ることは大好きです。ですから、多くの子どもは最初、賞賛を得るということを目的に行動しはじめます。賞賛を得るということの目的は問題でして、実はすでにもう不適切な行動がはじまっているのです。なぜならば、賞賛を得るということは競争を背後に含んでいるからです。適切な行動は、競争に基づく行動ではなくて、協力に基づく行動でなければならないのです。従って、ほめられようという行動は、もうすでに潜在的には不適切な行動です。

たとえば勉強する、一生懸命学問をするとします。それが他の人たちからほめられるという目的に向かって行なわれているのであれば、それは本来の目的からすでにはずれているわけですね。このような子どもたちは、賞賛がこなくなると、ただちに建設的な、適切な行動をやめてしまいます。なぜならば、その子たちの行動は、勉強することへの喜びによってではなくて、ほめられることの喜びによって行なわれているからです。

我々が、子どもを賞賛するということを比較的有害な行為だというふうに言うのは、このためです。子どもをほめて育てると、その子たちはほめられるために行動する子どもになって、行動すること本来の喜びのために行動する子どもにはなりません。

たとえば、ごみ箱へごみを入れる。これはとても適切な行動です。そのときに「偉いね」と子どもに言いますと、その子どもはやがて、ほめられるためにごみを入れるようになるでしょう。つまり、ほめてくれる人がいないところでは、ごみを入れないかもしれない。これは非常に困ったことだと思います。

アドラー心理学が育てようとしている子どもは、誰にも認めてもらえなくても、誰も知らないところでも、なお建設的な、適切な行動をする子どもです。そのためには、賞賛をするのはいい方法ではありません。

しかしながら、賞賛を求めて行動している間は、表面上の行動は、不適切な行動には見えません。見かけは適切な行動です。ほめられるためにお手伝いをし、ほめられるために勉強をします。行動自体は建設的であり、不適切ではないのです。ただ、目的には問題があります。

### ②注目を集める

しかし、自分がほめられると思ってやったのにほめてくれないとか、あるいは他の子どもとの競争に負けて、他の子どもは多くほめられ、自分はあまりほめられないというような事態が起こると、子どもはどうするか。努力をしてほめられようとするかもしれない。でも努力をしてもやはりほめられなかったとすると、どうするか。結局子どもは「注目」を得るために、叱られようとします。

この「注目」というのは、よいことをして注目を得るのではなくて、悪いこと、不適切なことをして注目を得るという意味です。不適切な行動の目的が、最初の賞賛から、第二番目の注目に切り替わってくるわけです。子どもは注目を得るということを目的に行動をしはじめます。

教室の中で騒ぐ子どもがよくいます。あるいは繰り返し宿題を忘れてくる子どもがいます。この子たちは多くの場合、教師の注目、特別な関心を自分に引きつけるために行動をしています。

ですから、教師がその子たちを叱れば叱るほど、注意すれば注意するほど、その子たちは内心喜ぶわけです。「私はほめられることはできない。私は建設的な行動でもって、適切な行動でもって教師と関係することができない。だから普通にふるまっていると、無視されてしまう。教室の中に自分の居場所がなくなってしまう。それだったらせめて不適切な行動をして、注目を得よう。叱られることによって関係をつけよう。そして、そのようなかたちで教室の中に自分の居場所を確保しよう」と考えるのです。

家庭でも同様です。「他のきょうだいにくらべて自分はほめられることが少ない。どうしても他のきょうだいより能力が劣っているように思う」というような場合に、不適切な行動をして親に叱られることでもって、子どもは自分の場所を、家庭の中に確保しようとします。

本シリーズの第3巻『劣等感と人間関係』の第1章「健康なパーソナリティー」のところで話しましたけれども、人間の究極的な目標は、共同体の中に自分の居場所を見つけだすことです。そのための作戦として、たとえば賞賛を得る、たとえば注目を得るという副次的な目標があるわけです。今話しているのはその副次的な目標です。

で、注目を集めるという第二段階になりますと、行動は外見上も不適切になります。しかも、注意すれば注意するほど、その子たちはその不適切な行動を続けるようになって、厄介者になっていきます。*

*「子どもたちは叱られたら恨むでしょうし、支配的なボス的大人に反撃するために、敵対的になり復讐をするでしょう。こうした相互尊敬がない育児をすると、子どもは、陰日向のあるふるまいを学びもしますし、力が何はともあれ一番大事なのだと思うようにもなるでしょう」(ルドルフ・ドライカース)

## ●不適切な行動を整理すると——

- 不適切な行動だと知らない→不適切だと知らせ、適切な代替案を助言する
- 不適切だと知っている
  - 適切な行動を知らない→適切な代替案を助言する
  - 適切な行動を知っている
    - 適切な行動では目的を達成できないと思っている
      →勇気づける。すでに達成した効果を認める。
      挑戦する姿勢を認める。
      現実的な目標の設定を援助する。
    - 不適切な行動で目的を達成している
      →不適切な行動の相手役を降りる。
      適切な行動を認める。

| 不適切な行動の目的 | 相手役の感情 | 集団内での役割 | 対応策 |
|---|---|---|---|
| 賞賛を求める<br>「ねえ、ほめて」 | ほめたくなる | 優等生／ごますり | 勝ち負けではなく、貢献を認める |
| 注目を集める<br>「ほめてもらえないのなら、せめて叱られよう」 | うるさく感じる | いたずら者 | 適切な行動に注目する |
| 権力闘争をしかける<br>「お前なんかに負けないぞ」 | 腹が立つ | 暴れん坊／英雄 | 喧嘩から手を引く |
| 復讐する<br>「勝てないなら、せめて傷つけてやる」 | 傷つく | ひねくれ者／悪者 | 適切／不適切ともに静観する |
| 無気力を誇示する<br>「私に期待しないで、もう放っておいてくれ」 | 絶望する | 落ちこぼれ | 見守って時期を待つ |

## ③権力を握る

そのときに我々がその子たちを圧迫し、迫害し、その子たちが不適切な行動ができないほどに追い詰めてしまうとどうなるか。あるいは、その子たちを無視して、その子たちといっさい関わらないようにするとどうなるか。いずれの場合にも子どもたちは、目標をエスカレートさせます。そして、権力闘争をしかけ、自分のほうが相手よりも強いということを証明しようとします。子どもが、相手役である大人に対して、権力闘争をしかけ、権力を握ろうとする、そういう段階に至ります。これが不適切な行動の第三段階の目標です。

権力闘争をしかけはじめた子どもたちは、注目を引こうとしている子どもたちとは明らかに違います。どこが違うかというと、その相手をさせられる教師とか親とかの、大人の感情が違います。

注目を得ようとしている子どもたちに対して、大人はあまり感情を持ちません。うるさく感じるかもしれませんし、厄介に感じるかもしれませんけれども、本気で腹を立てることはありません。なぜなら子どもたちは、ほとんど無意識的にですが、相手が怒らない限界内に自分の行動をとどめるからです。大人が本気で怒りはじめた途端に子どもは不適切な行動をやめます。そして、またしばらくすると不適切な行動をはじめ、「もう、困ったね、この子は」という範囲内でそれをし、怒りはじめるとまたすっとやめます。

ところが権力闘争をしかけるようになりますと、子どもは大人よりも自分のほうが強いということを証明しようとしますから、積極的に喧嘩を売ってきます。その結果大人は、子どもに対して本気で腹を立てます。本気で腹を立てる状態になれば、これは子どもが第三段階、権力を目標に動きだしているのだと理解していいと思います。

### ④復讐をする

この段階で相手役が適切な対処をしますと、もちろん子どもの行動は改善していくわけですが、なかには権力に対して権力で立ち向かっていき、子どもを徹底的に押さえつけようとする大人がいます。

子どもと喧嘩するのはやめたほうがいいと私は思うんです。子どもと喧嘩して大人が負けても勝っても困るんです。大人との喧嘩に負けて、子どもが反省することは九九・九パーセントありません。子どもは陰にまわって復讐をはじめるだけです。

こうなりますと、子どもは表面立って大人に喧嘩を売ることはありませんが、大人の見ていないところで、大人の手の届かないところで、大人たちが傷つくように行動しはじめます。多くの非行少年たちは、このような段階にある子どもです。あるいは不登校の多くも、学校の先生に対してはこの段階にあります。親に対してはまた別の段階にあるかもしれません。

子どもたちは権力闘争に勝てないということがはっきりわかると、第四段階、復讐という段階になります。

## ⑤失望させる

復讐の段階でさらに大人が適切な援助を差し伸べないと、第五段階、これが最後の段階ですが、大人たちに失望させようと、もういかなる期待もしないように、見捨ててくれるように、働きかけをするようになります。しかし、これもまた所属の一形式なんですね。

たとえばこの段階にある子どもの具体的な行動はどんなものかと言いますと、自分の部屋に閉じこもります。家族と話をしません。ただ食事が運ばれたら食事を食べるだけです。風呂にも入りません。着替えもしません。しかしながら、そのかたちで厄介者として、家族の中に彼はたった一つの最後の所属の場所を見つけだしているわけです。

## 不適切な行動には必ず相手役がいる

以上五つの、いずれの段階も、ある特定の相手に対する働きかけとして行なわれていることに注目してください。すなわち不適切な行動というものは、真空の中で、自分一人でやっているというものではないのです。性格が悪くて不適切な行動をしているという考え方は、こういう意味では不正確です。つまり不適切な行動の原因は、子どもの内側にではなくて、子どもとその周囲の特定の人物……多くの場合大人ですが、その特定の人物との間に存在します。

たとえば非行少年の窃盗集団がいるとします。この窃盗集団は大人たちの財布を盗ります。しかし自分たち同士の財布は盗りません。なぜならば、大人たちは敵、復讐すべき相手ですが、自分たちの仲間はそうではないわけです。もしもこれが心の内側が腐っていて、性格に問題があって窃盗するのであれば、相手かまわず窃盗するはずです。しかしながら子どもたちは、子どもに限らずあらゆる不適切な行動は、はっきりと相手を区別して、特定の人物に向かってだけ行なわれます。

そのような不適切な行動の向けられている特定の人物を、アドラー心理学では「相手役」と言います。不適切な行動は、相手役に向かって行なわれる対人関係行動なのだということを理解していただきたいと思います。

## 相手役の感情を聞けば目的がわかる

ですから、子どもの不適切な行動を見たら、今この子はいったい誰からどのようなものを引き出そうとしているのかを分析しなければなりません。

それは二つの方法でもって分析することができます。一つは相手役の感情を聞くことです。

たとえば、賞賛を求めるということを中心に動いている子どもの相手役は、その子どもをほめたくなります。いいことをしますから、「ああ、偉かったね」って言いたくなります。

それから、注目を引こうという段階にいる子どもの相手役は、うるさく感じます。うるさく迫ってきますからうるさく感じますが、しかし腹は立ちません。

権力闘争をしかけるという時期にいる子ども、「お前なんかに負けないぞ」と言っている子どもの相手役は、腹が立ちます。喧嘩をしたくなります。

復讐をすることを目的に動いている子どもの相手役は、復讐をされ、傷ついて、とてもいやな気持ちになります。腹が立つというよりは、憂うつな、不安な、非常に暗い気持ちになります。

そして、失望、断念をとりつけようとして、自分がいかに無能力であるか、いかに無気力であるかを見せつけている子どもの相手役は、その作戦に乗って、「もうあの子はだめだ」「あの子に対して私は何もしてやれることがない」というふうに絶望をしてしまいます。

そのような相手役の感情を調べることによって、その子どもの行動の目的を知る方法が一つあります。*

### ◆本人に聞く方法もある

もう一つ、これは臨床的に使う方法ですが、子ども自身に聞いてみることができます。

ある女子高校生が、不登校に陥りました。高校へ入りまして、ほんの二、三週間目にもう学校へ行かなくなりました。私は幸いその子に会うことができました。その子が不登校に陥ってからだいたい三週間程度経った時点です。

で、私はその子に聞いたんです。「あなたはひょっとして、担任の先生に復讐をしたいから不登校をしているんですか」って。なぜそのように聞いたかと言いますと、その担任の先生はその子をいじめたんですね。その子が廊下で担任の先生とすれ違ったときに、ちゃんと挨拶をしなかったというので呼び出して、「どうして私を無視したの。あなたは態度が悪い」と言ったんですね。そこでその子は、非常に自立心

*結局、多くの親は、子どもにリモコンされているのです。子どもが親の感情のスイッチを握っていて、自由自在に親を怒らせたり喜ばせたりしているだけのことです。こういう親は、子どもにとっては面白い玩具でしょうね。

の旺盛な子ですから、担任の先生に反抗したわけです。それで、「私はわざとしたのではありません。そんなふうにからまれる筋合いはありません」というようなことを言ったら、担任の先生が「生意気だ。前から生意気だと思っていた。あんたなんか学校へ来なくてよろしい」と言った。それでその子は翌日から不登校をはじめました。

その子が担任の先生に非常に腹を立てているということも、その事情からわかりましたし、先生に喧嘩を直接売ろうとしないで、家へ閉じこもっているというのは、どうやらこれは復讐をしようとしているのではないかと考えたので、そうなのかどうか聞いてみたわけです。

するとその子は、そのときはじめて気がついたかのように、大変驚きました。「そうです。今気がつきましたが、担任の先生に復讐がしたかったんです」。無意識というのはこんなものです。人から言われるとそのとき、「ああそうか」と気がつくんですけれども、自分ではわからないんです。

で、その子が気がついたので、今やっている不登校という方法が、担任の先生に復讐するのにうまい方法であるかどうか話し合いました。その子はもうすでに退学とか転校とかまで考えていたわけですけれども……。

「退学をし、あるいは転校をすることで、担任の先生は深く傷つくだろうか。傷つかないだろう。あなたが一人やめたぐらいで、担任の先生は何とも思わないだろう。これは復讐の方法としてはまずいよ。じゃあ、どうやったら、いい復讐ができるだろうか。学校へ出て行ったほうがいいんじゃないか。学校へ出て行って、あなたの方針で動きなさい。担任の先生が何かおっしゃっても、私はこう考えますと。学校をやめなさいとおっしゃっても、私は親が授業料を払っている限り学校へ来る権利がありますと言いなさい。担任の先生が、仮に感情的になって暴力をふるわれたら校長室へ行きなさい。そして、この学校では教師が生徒に暴力をふるうのを許容しているんですかと尋ねなさい」と、こう私はアドバイスしたわけです。

彼女はそれはとても効果的な方法だということを納得しまして、翌日から登校しました。その後、学校の中では若干問題がありましたが、彼女はとにかく学校へ行き、彼女が一方的に不利益を被り、一方的に勉強に遅れ、友達から疎外されていくという被害を被らないですみました。

## ◆子ども集団との関係

子どもたちの哀れさは、この復讐の段階になったときに、自分自身を傷つけることによって大人たちに復讐することだと私はいつも思います。復讐をするのならば、自分を傷つけないで復讐をしてほしい。せめてそうしてほしい。まあもちろん、復讐をやめてくれれば一番いいんですが……。今のは妙な例ですけれども、子どもの復讐というのがどのように動くかの一つの例になると思います。

それはともあれ、どの段階にあるかということを子ども自身に上手に問いかけてみることで、復讐の段階にあるのか、権力闘争の段階にあるのか、などを知ることができます。

子どもは相手役に対しては今言ったような動き、つまり賞賛、あるいは注目、権力闘争、復讐、無気力、断念というようなことをしているわけですが、そのような動きをすることは、子ども集団の中で、必然的にその子たちに特定の役割を割り振ることになります。これは学校教育で、教室の運営を考えるときに非常に大切なことです。

すなわち、賞賛を求めて「ねえ、ほめて」ということを中心に動いているという子どもは、集団の中で優等生的な役割を演ずる場合もありますし、あるいはごますりとして嫌われる場合もあります。

ほめてもらえないんだったら、せめて叱られてやろうと思っている子どもは、いたずら者になります。いたずら者として多くの場合は、同級生から愛されます。もちろんうるさがられるかもしれませんが、のけ者にされることは非常に少ないようですね。

それから、権力闘争をしかけ、相手役に向かって「お前なんかには絶対負けないぞ」と言っている子どもは、暴れん坊ですが、一種の英雄になることが多いようです。子どもたちの間では比較的好かれるわけです。ところが、復讐する段階、勝てないならばせめて傷つけてやるという時期になった子どもは、同級生の子どもたちに対しても悪者になり、ひねくれ者になることが普通です。すなわち、社会全体を敵にまわします。ですから、権力闘争期にある子どもと復讐期にある子どもは、同じ年齢層の子どもたちの間での役割が違うということからも、容易に診断ができます。

第五段階の、無気力になり、私に期待しないでもう放っておいてくれということを目標にして行動している子どもは、集団から落ちこぼれていて、一人ぼっちになっています。またそのようなかたちで集団に所属するわけです。

## 不適切な行動への対処

それでは、どのような対応策をとれば、この子どもたちを救済することができるか。

まず、賞賛を求める時期にある子どもに対しては、仲間との勝負に勝ってほめてもらおうという考え方に問題があるわけですから、そうではなくて、集団に対する貢献ということを行動の目的にするように援助します。

適切な行動の唯一の目的は、共同体に対する貢献を目的として行動する場合です。賞賛を求めている子どもたちに対しては、貢献を求めるように、貢献の喜びに目覚めるように援助します。

注目を集める子どもたちに対しては、適切な行動に対して注目をすることと、不適切な行動に対して注目するのをやめること、この二つのことを同時に行ないます。不適切な行動に注目することをせずに、不適切な行動をただ無視しますと、先ほど言ったように、権力を求めるという、より悪い段階に悪化していくことが普通見られます。

権力闘争をしかけることを目的に動いている子どもたちに対しては、とにかく喧嘩を買わないこと。もしもどうしても感情的になってしまうのであれば、すぐにその場を離れること。そして、冷静になってからもう一度話をすることをお勧めします。

## ◆復讐段階は第三者の助けが必要

第四段階の、復讐ということを目的に動いている子どもに対しては、残念ながら、相手役その人には、それに対して対応することがもはやできません。ですから、相手役は、適切な行動をも不適切な行動をも、ともに静観をする、反応しない、その子とのコミュニケーションを最小にするということをもってしか対応することができません。

よく、「子どもの気持ちをわかろう、子どもとの対話を増やそう」と言いますけれども、この復讐という時期にあたる子どもに対しては、その相手役からのどのような対話も有害です。というのは、相手役から来るすべてのメッセージを、彼らはひがんでと言いますか、悪意に受け取ります。素直にその言葉を聞くことができなくなってしまっていますので、もはや相手役には、コミュニケーションの量を減らし、その状態で共存していくという方法をとることしかできません。ですから、この段階にある子どもに対しては、相手役以外の第三者からの援助がどうしても必要だということになります。

ある人に対しては復讐であっても、他の人に対してはそうでないということがしばしば見受けられます。この子たちとよい関係を持てている他の大人の援助が必要である、よい関係が持てている人々からの援助なしではこの子たちを立ち直らせることはできないということです。

第五段階の、私にもう期待しないで放っておいてくれという、断念を取りつけようとしている子どもたちに対しては、時期を待つしかありません。いかなる働きかけも、その子たちの勇気をくじいていくだけだと言わざるをえないのです。

　この時期には、善意の第三者であっても介入することは非常に難しくなります。専門的なトレーニングを受けた、心理の専門家だけがこの子たちと適切な関係を持つことができます。それは少し専門的な話になりますので、ここでは触れませんが、特殊な対人関係を持つことでもって、この子たちを援助することは不可能ではありません。しかし、それは特殊なトレーニングを受けた人にしかできないことであろうと思います。

　このように、賞賛、注目、権力という段階までは、相手役である教師、あるいは親がその行動を変えることによって、子どもの行動を変えることができますが、復讐という段階になったときには、相手役だけの変化でもってしては、子どもを援助することはもはやできないのです。

　だから、決して復讐まで子どもを追いつめるなとお願いをしたいんです。権力闘争の時期に、その喧嘩から降りてください。そして冷静に話し合える地盤をつくってください。そうすれば専門家の援助なしに、子どもを立ち直らせることもできるのです。

　問題が起こってしまってからあわてるのでは、いつも遅いのです。治療よりも予防のほうがはるかに大切だと思います。予防が可能であるという最後の一線は、子どもが権力闘争に入っている時期です。無気力という時期までいきますと、我々専門家が介入しても、一年二年というような長期間をみないと、そこから立ち直ってもらうことが難しくなります。

## Q&A

――適切な行動にも注目していくようにというお話だったんですが、不適切な行動ばかりで、適切な行動をしていないように思う子がいるんですけれども。

適切な行動というのは目立たないものです。たとえば朝起きてくる、これは適切な行動です。家族と一緒にご飯を食べる、これは適切な行動です。学校へ行く、適切な行動です。学校から家にちゃんと帰ってくる、適切な行動です。遅くなって帰ってくる、ゆっくり遊んでくる、これも適切な行動ですね。夜になるとお風呂に入る、これも適切な行動です。

そのように当たり前だと思われている行動、家族の日常生活、あるいは学校の日常生活の中で、ごく当たり前だと思われていることを、子どもがちゃんとやっているということが適切な状態です。ですから、朝子どもが起きてきたらそれに対して声をかけてほしいのです。「起こさないでもちゃんと一人で起きてくれたのね」「助かったわ、ありがとう」と言ってほしい。あるいは学校へ行って元気に帰ってきたら、「今日も一日学校へ行ったのね」「お母さんはあなたが元気なのでうれしいわ」って言ってほしい。そういうことに対して丁寧に声をかけてほしいと思うのです。

適切な行動っていうのは、何か特別に適切なびっくりするような行動なのではなくて、毎日毎日の基礎的な活動が適切な行動なのです。

——子どもの年齢によって、不適切な行動の目的は変わっていくんでしょうか。

ある程度そういうことはあります。

先ほどお話しした五つの段階というのは、だいたい一〇歳ぐらいまでの子どもをモデルにしています。ですから、主に小学生のお話なのです。

中学生から高校生になりますと、あといくつか付加的な目標ができます。たとえば興奮する、ハイになるというような目的ですね。バイクを乗りまわして興奮するというようなこと。あるいは、その時期に非常に重要になるのが、友達と一緒にいるという目的、ただ一緒にいるだけなんです。一緒にいて深い関係を持つというような目標が、不適切な行動の主な原因と言いますか、目的になることがあります。

しかし、先ほど話した五つの段階をしっかりと理解していれば、結局そこへ帰着します。たとえば高校生の子どもが、親が望まない友達とつきあっている。「あの友達とつきあうのはおやめなさい」と親が言う。ところが、子どもはつきあいを続けているとなると、親に対する子どもの関係は、権力闘争です。もし親の言うとおりその友達とつきあうのをやめると負け、つきあいを続けると勝ちという権力闘争になります。

そのように副次的な、思春期的な目標ができても、親との対人関係を見る限りは、今の五つの段階でだいたい話はつくだろうと思います。

ついでに、回復するときは、今言った逆の順番をたどるかというとそうでもありません。無気力の状態から突然、貢献という唯一の正しい目的にジャンプすることもあります。

ある子どもは、高校一年生に入って一週間目に不登校に陥って、ほぼ三年間家の中で無気力状態で閉じこもっていました。縁あって私と会うことがありまして、一年あまりの経過のあとに、就職して（それまで何度も就職したものの続かなかった）ある飲食店に勤めることになりました。そこの経営者に非常に気に入られまして、あるときに「君はこの店になくてはならない存在だ」と言われました。このとき、彼は変わりました。

彼は生まれてはじめて自分が必要とされていること、我々の言葉で言うと、貢献感を持つことができました。そのときに彼はまったく健康なパーソナリティーにジャンプをしました。

そのように、無気力の状態から貢献を中心にする健康なパーソナリティーへ突然変わるということはあります。彼は途中一度も権力闘争であるとか、復讐であるとかという時期を逆に通ることはありませんでした。

――同じ親が育てていて環境もほとんど変わらないと思うのですが、一つの出来事に対して不適切な行動をとる子と、適切な行動をとる子とができるのはどうしてでしょうか。

これは本シリーズの第3巻『劣等感と人間関係』の第2章「パーソナリティーの形成」のところでお話しした、きょうだいの競合と関係がありますね。

親の賞賛という一つの賞品をめぐって、子どもたちが競争関係にあるわけです。自分以外のきょうだいが、賞賛をたくさん手に入れるので、自分がいくら努力しても、他のきょうだいほどたくさんの賞賛を得ることができないと思ってしまうと、注目、あるいは権力という、より不適切な目標を中心にして行動を組み立てていく子どもができてくるわけですね。

ついでに言っておきますと、きょうだいの全員が不適切な行動をする場合、これは家族の価値に問題があります。これも前にお話ししましたが、たとえば、両親ともに犯罪者だという家庭で生まれた子どもたちは、犯罪的な価値観を当然身につけやすく、全員が不適切な、反社会的な行動に走りやすい傾向があります。

しかし、きょうだいのうちの一人だけ、あるいは、ごく少数が不適切な行動をし、大多数は大丈夫だという場合には、家族の価値ではなくて、家族の雰囲気の側に問題があります。すなわち、何が正しいことで何が誤っていることであるかは理解されているのだが、家族の雰囲気がきょうだいの中の競争をあおる雰囲気であるために、子どもたちが競争して、ある者は勝ち、ある者は負けになり、その負け組が不適切な行動をはじめるわけです。

# 第4章 子どもの個性を伸ばす

Adler

# 5. 子どもの心の発達と各段階の勇気づけ

何歳ぐらいにはどんなことが起きて、そんなとき親にはどんなことができるか、お話しをしましょう。

## ①乳児期の心の発達と勇気づけ

人間の発達*というのはいくつかの時期に分かれています。子ども時代は、わりと複雑に、細かく分かれています。一番最初に乳児、それから幼児という時期になって、さらに児童期、思春期となるわけです。

この思春期というのは、大変複雑なので、心理学的には思春期を四期ぐらいに分けます。第一期が前思春期。思春期のちょっと前ですね。第二期が思春期前半、第三期が思春期後半、第四期が前成人期。

これは、何歳からどの時期に入るというのとは、ちょっと違うんです。子どもによってかなり違うんです。乳児期から幼児期に早く入る子もいるし、少しゆっくりの子もいる。子どもが自分で決める分もありましょうし、周囲からの働きかけもあ

＊アドラー心理学は、子どもの発達段階をあまり気にしない心理学です。生まれた瞬間から、我々大人と対等だと考えますから。とはいえ、○歳児に歩けと言うことも、一八歳の子どもに異性に関心を持つなと言うことも、ともに馬鹿げていることくらいは知っています。

りましょうし、かなりばらつきがあります。

　では、何でもって我々は、乳児が幼児になったかというと、言葉が出たら幼児です。言葉と言っても、二語文というものです。二語文というのは、単語が二つある文で、「あれ取って」「ごはん食べる」などといったものです。こういうものが出てくると、お話ができるようになります。単語一個だけだと充分お話しができないけれど、二語文になりますと意思の疎通ができます。

　では、乳児は言葉がわからないかというと、わかるんです。わかるけれど、言えないんです。

　先日、ある会合にお母さんが、一歳の赤ちゃんを乳母車に乗せて連れて来ていました。最初の一時間くらいは、静かにしてくれていたんですが、だんだん大きな声を出すようになったんです。それで、休憩時間に、その子のそばに行って、「あなたが私の話を聞いて喜んで、大きな声で応援してくれるのはとてもうれしいんですが、もう少し静かにしてくれれば助かるんですけど、どうでしょうか」とお願いしました。すると、次の時間から、ぱっと静かになった。みんなは「うそーっ」と言うけれど、でも本当なんです。

　こうなって当たり前なんですよ。一歳児だと、こちらの言うことは完全に理解できます。みんな、理解できないと思っていますが、やってみるとすぐにわかります。

私の秘書が猫を飼っている。その猫は働かない猫で（猫はだいたい働かないが）、秘書はその猫に働くように説教したんですって。「あんたね、もういい年なんだから、ぶらぶらしていないで、自分で食べる分ぐらい自分で稼ぎなさい」と言った。そしたら、ちゃんと次の朝、魚の頭を拾ってきて、台所に並べてあったんだそうです。猫だってそうなんですよ。

では、猫と一歳の子どもは、どちらが賢いと思いますか。それは、一歳児のほうが圧倒的に賢い。犬や猫が言って聞かせるとわかるのに、一歳児がわからないわけがない。だから、言えばいい。それなのに、みんな言わないのね。それは、相手を見下しているから。

本当に対等な横の関係で、子どもを尊敬し、子どもを信頼していれば、大人と同じように子どもとつきあえます。〇歳児に向かって「すみません。お母さん、疲れているの。ちょっと、泣かないでもらえますか」と言えば、ちゃんと聞いてくれる。本当ですよ。私はそうやって子どもを育てました。私は私の子どもに、〇歳のときからお願いをしました。子どもはちゃんといつも聞いてくれます。

だから、乳児は言葉がないというのではないんです。二か月くらいから理解しはじめます。それまではちょっと難しいですがね。

一歳になると、我々の普通の会話は、ほとんどわかっているみたいです。ただ、それを言葉に出して言う能力がない。言葉で完全に表現できるようになると、幼児期なのです。

乳児期の子どもはどうやって勇気づけていけばよいか。まず叱るのはいけない。どんな場合にも叱るということはいけない。母親や父親が、子どもに対して感情的になって、その感情でもって子どもに何かさせようというのは、とてもよくないことです。子どもが「オギャー」と泣くと、お父さんが「こらっ、泣くな！」と言うから、子どもは余計泣く。こんな馬鹿な話はない。お願いすればいいのです。

怒りの感情の目的は、この子が泣きやんでほしいということですね。だったら「すみませんが、真夜中なので、泣きやんでいただけませんか」と言えばいいんです。一度やってみてください。面白いですから。

子どもに対して、怒りの感情を使って、感情的なつきあいをするのはよくない。子どもをあまり子ども扱いするのはよくない。

それで、何でもって勇気づければよいか。とにかくたくさん刺激をあげること。遊んであげる。それから、言葉がけをする。

いろんな話をしてあげてください。聞いていますから、絶対。きょとんとしたような顔をしているけれど、ちゃんとわかっています。覚えていないけれどね。この子たちは長いこと覚えている力がないのです。まだ、脳が未発達なので、そのときはわかるんだけれど、一日を超えて覚えている能力がない。だから、何度でも忘れます。けれど、そのときはものすごく興味を持って聞いています。そのことで、脳はとてもよく発達します。

たくさん話しかけられて育った子は賢くなるでしょうね。話しかけが少なかった子どもは、本来の力まで賢くなれないかもしれません。

スキンシップもたくさんあったほうがいい。ないと困るということもないですが、あったほうがいい。言葉がけもあったほうがいい。そうやって勇気づけていく。たくさんの物語を話してあげたいし、たくさんの言葉がけ、スキンシップをしてあげたい。

### ②幼児期の心の発達と勇気づけ

幼児になりますと、言葉も通じるようになりますし、記憶もよくなります。これまであったことを覚えていられる。

子ども時代の思い出というのは、早い人で三歳ぐらいからありますね。そのころになって長期記憶という力ができるからでしょう。それ以前は、何事が起こっているかわかっているんだけれども、ためこまないみたいですね。

子どもが幼児期に入るのは、普通の子で三歳くらいでしょうか。幼児になると、もうかなり自分で何でもしますから、自分で何でもしてもらったほうがいいんです。ただ、この子たちは記憶の力はできてくるけれど、予測の力がまだないんです。これをすると、結局どうなるかなというのを推測する力がない。だから危ないことを平気でやる。ちょっとぐらい危ないことをやってもらうのはいいですがね。そうすると、ああ、これをやると痛いんだなとわかって、次からやらなくなるから。ところが、「マンションの九階から飛び降りたらどんなになるだろうな、面白いだろうな」と、飛び降りたりすると困る。だから、命に関わるような大怪我をされないことというのが、親がこの子たちにしてあげなくてはいけない責任だと思います。

たくさん話しかけるとか、たくさん遊ぶとか、そんな、以前の乳児期からの働きかけがずっと続いていたほうがいいけれど、そのほかのことでは、子どもを保護することをどんどんやめていかなければいけない。親というのは、いつまでも子どもを乳児と同じ扱いをする傾向があります。このごろの日本の母親は特にそうです。暇だからね。

昔、日本人が農業で生きていたころは、いつまでも赤ちゃんを見ていられなかった。お母さんも、もちろん田んぼに出ましたし、赤ちゃんを連れていっても、田んぼの畦で遊ばせておいて、農作業をしなければならなかった。このごろのサラリーマンの奥さんは暇ですからね。忙しい忙しいって言っているけれど、そんな忙しくないですよ。だから、子どもをかまって、かまってだめにしているんです。子どもは、かまえばかまうほど、だめになります。幼児期以後は、命を守ってあげる以上のことはあまりしない、という方針を私はお勧めしています。

子どもが言葉でもって頼んでいないことを、きっとこうもしてほしいだろう。こうも考えているんだろうと思いやって、どんどんやってあげるのがいい母親だというふうに思われているけれど、これほど悪い母親はないと思う。

何度も言いましたように、人間は言葉でもって自分の意思を伝えないと、テレパシーで伝えることはできない。ところが母親が何もかも全部やってあげますと、子どもは何を学び、どう思って成長していくか……。周囲の人は自分の考えがわかってくれて、思いやって、推しはかって、自分のかわりに問題を解決してくれて、それで当然と思うようになるでしょう。そういうふうに思った子は、あとで大問題を起こすかもしれない。

おやつを食べたいとか、眠たいとか、テレビ見たいとか、その程度でしたらすぐわかります。だから、「何か食べる?」って聞いて、ご飯をあげたりおやつをあげることはできるんだけれど、中学生くらいになると、子どもの願いがとても複雑になって、そんなに簡単にはわからない。あるいは、子どもが人生につまずいたときに、かわりに親が何とかしてあげられなくなる。

小学生が友達ができないと言えば、隣のミヨちゃんのところへ行って、「ねえ、うちの子と遊んでやって」と言うことができる。高校生で友達ができないので、隣のミヨちゃんに、「うちの子と遊んでやって」と言うと、「おばさん、過保護ね」って言われておしまいでしょう。

## 子どもに問いかけたい言葉

親が、子どもの問題をかわりに解決してあげられなくなるときがくる。幼児期に、あるいは児童期にたっぷりと親が解決しておいてあげると、自分で解決する能力のない子どもができる。しかも、その子どもたちは、親が自分の問題を解決してくれて当然と思い、何も言わなくてもわかってくれて当然と思うようになる。

子どもが学校に行けなくなったり、友達にいじめられたりして、いじいじと悩んでいるときに、親が「どうしたの」って聞くと、「俺がこんなに悩んでいるんだから、言わなくてもわかるだろう」と言う。そんなのわかるわけがないですよね。仮にわかっても、思春期にもなった子どもの問題を、親がかわって解決してあげることはできません。そうすると、子どもは怒りだす。「俺はこんなに悩んでいるのに、お前はどうして助けないのだ」といって親を殴る。だから、できるだけ早くから、自分の力で何もかもやらせるようにしたいんです。

もちろん、それは放っておけというのではありません。まず、子どもの命を守ることは絶対したい。そして絶えず、子どもに問いかけたい。「何かしてほしいことある？」とか「言ってくれたらできることはしますよ」とかいうように問いかけたい。「何かしてほしいことある？」と聞いて「別にいい」と言ったら、何もしなければいい。「ほんとは、こんなことしてほしいんでしょ？」なんてメニューを出さないこと。「おやつほしいの？ それとも、ジュースにする？ これにする？ ＡＢＣＤのうちから選べ……」。そんなに早くからマークシート式の大学入試の訓練をしなくていいですから。ただ「してほしいことがあったら、言ってちょうだい」と言うのはよい。

英語には、これにあたるとてもいい言葉があります。「May I help you？（何かできることはありますか？）」。日本語にはないですね、「何か私にお手伝いすることはありませんか」って言うのは日常語ではないですね。

けれども、子どもに向かっても、配偶者に向かっても、それによく似た言葉「できることがあったら言ってね」という言い方はしたほうがいいと思うんです。そして、言ってもらったときだけ働くことにします。黙っているときはなるべく手抜きして動かない。誰にだって黙っている権利はありますから、白状させなくていいんです。

してほしいことがあれば、しっかり言葉で言うという原則で、子どもを育てたほうがいいと思う。お互いに黙ってわかり合おうという態度の育児は、もうやめたほうがいいと思う。それをやった結果が、今の子どもたちの大問題になった。

悲しそうにしていたら、「どうしたの、お母さんに何かできることある?」って尋ねてください。最初から、よしよしと慰めないように。悲しいことを自分の力で克服するというのは、とても大事ですからね。いつまでも人に話を聞いてもらって、愚痴を聞いてもらって、それでやっと立ち直れるというのでは困ります。

### ③児童期の心の発達と勇気づけ

友達ができたら児童期です。親が連れてきて、親が一緒に遊ばせているのは、友達ができたとは言わない。大人が手を貸さないでも、まったく自分たちだけで遊べるようになったら、児童期です。普通の発達だと、五歳くらいからですね。幼稚園の年長組ぐらいだと、半分ぐらいは何とか遊べているでしょう。小学校一年生ぐらいだと、八、九割は自分たちだけで遊べる。

お友達ができて、子どもが自分の力で遊べるようになってくると、親の役割はもうほとんどないんです。だから、子どもが小学校に入ったら、親は何もしなくてよくなります。

学校へ行くとか、宿題をするとか、あるいはお風呂に入るとか、何時に寝るとか、全面的に子どもたちの自主管理にまかせたほうが、子どもたちを勇気のある大人にできます。そうすると、「起きなさいよ」もいらないし「ご飯食べなさい」「学校遅れるよ」「宿題しなさい」「お風呂入りなさい」「もういい加減寝なさい」「テレビ見るのをやめなさい」も何もいらないんです。子どもたちが全部管理してくれる。

これは立派な勇気づけなんです。なぜかというと、子どもたちを全面的に信頼しているから。我々が早起きできるんだったら、子どもも早起きできる。我々が明日のことを考えて早く寝られるんだったら、子どもも明日のことを考えて早く寝ると思うから。

ところが、子どもは自分で自分を管理できないものだと、はじめから決めこんでいるでしょう。言ってやらないと宿題もしないものだと決めこんでいるでしょう。だから、縦の関係になってしまうんです。

こっちは優れていて、向こうは劣っている。こっちは正しくて、向こうは間違い。それで、結局コミュニケーションが感情的になって、権力闘争になって、どなりまくってしまう。

## 主導権争いを避ける

幼児期には記憶はあるけれど、予測がないと言ったでしょう。児童期には、予測はあるけれど、充分ではない。大人は、くよくよと先のことを自動的に考えてしまいます。

小学校低学年の子どもというのは、自分の力で予測をしてみるということをしないんです。今その瞬間を生きていますから。小学校低学年の子が、将来設計して、三五歳までにマイホームを建てようかと思っているとしたら、気持ち悪いではないですか。彼らの頭はそんなふうには動かないんです。だから、ときどき大人が、予測するように勇気づけてあげないといけない。

たとえば、夜遅くまで起きていると、「そうやって夜遅くまで起きていたら、どんなふうになると思いますか」と聞いてみないといけない。「明日起きられないと思う」と答えたら、それだけでいいんです。それで、あとをどうするかは子どもが決めるから。「それなら、寝なさいね」と言う必要はまったくない。予測するのを手伝ってあげる。最終的に、子どもは自分の力で判断できます。そのとっかかりさえあげればいいんです。

「宿題をやっていないと、どんなことが起きる?」って聞いたら、「学校で叱られる」「勉強が遅れる」って言いますね。それでいいんです。「ああ、そう。わかっているんだったらいい」と言って引き下がればいい。「わかっているんだったら、やりなさいよ」と言うと権力闘争になります。

予測させるだけで充分に子どもたちは学んでいきます。「ああそうか、あまり遅くまで起きていたら、朝起きられないんだな。宿題をやらないとちょっとまずいな」と自分で考えるようになります。

いつも宿題しなさい、宿題しなさいと言われて育っていると、宿題しなさいというのをこっちが忘れていると、向こうは宿題を忘れますね。すると学校に行って怒られますね。「お母さんが昨日宿題しろって言ってくれないから、怒られた」と言いますね。こんな馬鹿な話はないですよ。宿題するのは親の仕事ではありませんから。

わが家では忘れ物をめぐって、学校の先生とよく対立をしたんです。うちの子どもは、忘れ物が多かったんですよ。特に真ん中の娘が多い。あまりに忘れ物が多いので、学校の先生が電話で、「時間割りをチェックしてください。そして朝、かばんの中を見てやってください」と言ってきた。私は断わりました。「そんな馬鹿なことはない」って。「ではせめて、前の晩に時間割りを手伝ってあげてください」「そんなの絶対いやです」「忘れ物がないかどうか、声だけでもかけてあげてください」「それもいやです」。それで困るのは彼女です。私ではない。まして、私が少しでも手を貸したら「これは自分の仕事ではない、親の仕事なんだ」と誤解するでしょう。我々が注意できなかったときに「親が言ってくれなかったから、忘れ物をしちゃった」というような子になるだろう。

だから、子どもがやっていることの結末が、その本人の身に降りかかるんだったら、降りかかってもらおう。我々はいっさい手を出さないでおこう。ただ児童期には、心配だなと思ったら、その結果がどうなるかなって、いつも聞いてあげよう。それで充分です。そうしないと勇気のない子どもになってしまう。

### ④前思春期の心の発達と勇気づけ

思春期に入ると大阪弁で「ツレ」というものができます。親友のことです。だいたい一〇歳くらいからでしょうか。

思春期に入ったしるしは、色気づくことではないんです。異性に関心ができる前に思春期に入る。友達のあり方が変わるんです。要するに、グループができる。

小学校低学年の友達というのは、大人数のグループで、男女混合で、開放的なグループです。遊びは、その日その日で何をするかわからない。わーっと集まって、男女が昨日は野球しているなと思えば、明日は縄跳びをしている。その次の日は、家でテレビを見ている。来ている子もいつも違います。全然知らない子が混じっていたり、いつもいる子がいなかったりするし、大人が、小学生が野球をしているところで「ちょっとおじさんに打たせてよ」って言ったら、打たせてくれます。開放的なんです。

ところが小学校五年生から中学生くらいになりますと、まず少人数のグループになりますね。多くて五人くらい。もうちょっと大きいグループもたまにありますが……。ひょっとしたら二人だけかもしれない。それから、同性のグループです。男ばかり。女ばかり。そして、閉鎖的。

いつも同じメンバー。遊びもテーマを持っている。テーマ別にグループができる。だから、お勉強グループといったら、お勉強ばかりしている。万引きグループといったら、万引きばかりしている。よくも飽きもせず同じことをやっているな、と思うくらい同じことをしている。万引きグループの子を勉強グループに入れようと思っても、そうはいかない。ほかのグループには絶対入らないですよ、閉鎖的ですから。

いつも同じメンバーで、一人でも欠けますと、呼びにいくんです。大人なんか絶対入れてくれない。中学生が四、五人でごそごそやっているとき、「よお！」と首を出すと、冷たい目で見られるでしょう。これが、思春期型のグループです。

## 友達ができたら育児は終了

これができますと、ああ、この子は思春期に入ったなと私は思います。子どもを育てる上で、どの時期が一番大事かというと、思春期に入って、まだ異性との関係ができなくて、同性の友達とくっついている時期が、人間の一生の発達の中で一番大切な時期なんです。この時期にくっつかせてあげないと、あとでおかしくなります。

この時期は大人から見ると扱いにくいんですよね。子どもたちは、ずっと一緒にいたいのです。二四時間一緒にいたいの。だから家に居着かないこともあります。あっちこっちうろうろして。でも、うろうろさせてあげたほうがいいんです。

このべったりくっついている友達ができますと、育児は終わりです。これで、親の仕事は全部終わりです。つまり、子どもは完全に人間になります。我々とまったく同じことができます。

彼らに足りないのは知識と経験です。知識と経験は、彼らが自分の力で獲得していくしか、しようがないのです。大人が彼らにお説教しても、もう届かないのです。だから育児は一〇歳で終わります。ここから先は、百パーセント放し飼いです。大人の仕事は、子どもたちが、自分で学ぶのを邪魔しないだけです。

多くの親はここで邪魔するんです。「ああしなさい、こうしなさい。ああしてはいけない、こうしてはいけない」。これは、とてもまずい。というのは、もう彼らは精神的には完全に大人です。大人が上から出れば、彼らは絶対に反発します。

反抗期と言いますね。あれは嘘なんです。反抗期というのはないんです。反抗期というのがもしあるとすれば、大人たちが強圧的だから。大人が子どもを自分の指示どおり、命令どおり動かそうとしたときに、子どもは反抗するので、大人がそうしなければ子どもは反抗しません。だから、自立期ではあっても、反抗期ではないんです。

## ⑤思春期前半期の子ども

前思春期から思春期前半期に入るのはいつごろか。異性に関心が出てくれば、思春期前半期です。いわゆる色気づくということです。そして、特定の異性に関心ができると、思春期後半期です。どう違うかは、すぐに見分けられます。男の子と女の子が仲よくしていて、二人きりでどこかに消えたなら思春期後半期で、人前で平気でべちゃべちゃしゃべり、みんなと一緒にいられたら、思春期前半期です。思春期後半期に入ると、二人っきりでどこか暗いところに消えていきます。そうすると、「あっ、奴め後半期だな」と私は思います。

思春期前半期は、育児はもう終わっているわけですが、観察していて、いろいろと戸惑うことがあります。思春期前半期の子どもは乱交的です。次々に相手を変えます。それから、同時にたくさんの異性とつきあうかもしれません。そのころは、セックスに対して開放的ですから、この時期にすでにセックス経験もあるかもしれません。親が知らないだけでね。あったとしても次々相手が変わるから、手を出さないでいいんです。ほっといたらすぐ飽きるから。

大人が手を出すとまずいです。手を出すと、むきになって、権力闘争のために続けようとします。親の言うとおりにしたら、自分の負けだという設定を、こちらがつくってしまうことになるんです。

どちらが正しいか、どちらが間違っているか、どちらが勝ちで、どちらが負けかと親がしかけてしまうと、子どもは親の言うことを聞いたとき、負けだという感情を持ってしまいます。そうすると、親に負けたくないですから、どんどん親の望まないことを続けるんですね。そうして、相手のことが嫌いになっても、親への面当てのためにつきあいを続けたりします。これは不幸です。

## 子どもを尊敬するということ

仮に、私の子どもが非行化して、バイクに無免許で乗って、警察に呼び出されたら、私はどうすると思いますか。まず子どもに聞きます。「警察から呼び出しが来ているけれども、行ったほうがいいですか、行かないほうがいいですか」と聞き、子どもが言うようにします。たとえば子どもが「警察から呼ばれたんだけど、一人で行くのはこわいからついて行ってくれ」と言いましたら、友達ですからついて行ってあげます。親としてではなく、友達としてね。もうその数年前に、親をやめましたから。

だいたい子どもが非行化したからといって、私がパニックに陥る必要はなかろうと思うんです。いつも子どもとの話し合いで、どうすればよいかを決めていけばいいし、こっちが警察へ行こうと思うなら、「ちょっと警察に行ってきてもいいですか」と聞きますし、向こうが行ってほしいと思えば頼んでくるでしょうし、少年院に行くことになれば、「それじゃあ、お元気で。また帰ってきたら遊びましょうね」と言えばいい。

そんなふうにしておくと、少年院なんか行かないですよ。むきにならないから。親に対して、教師に対して、むきになった子どもだけが、少年院なんかに行くんです。子どもはむきにならなければ、自分が損するのがわかりますから、馬鹿なことはしません。冷静であれば、友達に誘われてちょっと悪いことをしてみても、「これは、しまったな」と思ってやめますよ。そこで、親が叱り、そんなことしないようにと見張るから、「もしもいい子になってしまったら、親に負ける、教師に負ける」という設定ができてしまうわけです。こうなると、馬鹿なことを続けますよ。

私はよく仲間と話し合うんですけれども、学校は生活指導というのを全部やめて、勉強だけを教えてくれたらいいのにねと。よく中学校や高校の生活指導研修会に行って、生活指導をやめてくれって言っているのですが、いっこうにやめてくれませんね。あれさえなければ、子どもは喜んで学校へ行くでしょうし、馬鹿なことは自分でやめるでしょう。

思春期に入った子どもの指導なんて私にはできません。私は思春期のプロですけれども、私にできることは、彼らの友達になることしかありません。

彼らがいつでも、どんなことでもしゃべれる状態をつくっておくこと。困ったことがあったとき、あの大人なら話しても大丈夫だと思ってもらえるようにしておくこと。こっちから、ああしろこうしろと言わないこと。尋ねられたことには、できるだけ誠実に答えること。頼まれたことは、できる限りしてあげること。それだけなんです。頼まれない限りは動かない。みんながそうすれば、彼らはちゃんと我々とつきあってくれるし、ちゃんと暮らしてくれると思います。

## 子どもの心を開かせるには

私のところにくる子は、常識的に言うと、悪いとされている子たちです。少年院すれすれで、何とかターンして戻ってきた子たちとか、鑑別所に入ってきた子とか、不登校を長いことしていたので、学校のほうからもう来なくてよろしいと言われて、籍がなくなってしまった子とか、そんな子たちが来ます。または神経症とか、いわゆる発達障害の子が来ます。だから、世間で言えば難しいタイプの子なんでしょう。けれども、その子たちとつきあって、難しいという感情を持ったことは全然ないんです。まったく対等の友達、対等の人間としてつきあえば、彼らは人間としてつきあってくれるし、困ったことはちゃんと相談してくれるし、どうしたらいいかわからないときは聞いてくれるし、こちらが手伝ってほしいときは、手伝ってくれるから。

このあいだある女の子が、ラブホテルから電話をかけてきました。「先生、こんなところに連れこまれたけど、どうしよう」って言うんです。「いやなら逃げたらいいじゃないか」って答えました。気の弱い子だから、断われずに行ってしまったわけね。行ったけれど、こわいんですよね。そのとき私のことを思いだして、先生なら何でも教えてくれるだろうと思って電話をかけてきてくれた。とてもうれしかった。親にも教師にもそんな電話をかけたら、えらいことになりますから。

ある男の子は、デートの最中に電話をかけてきて、「今スパゲッティ屋さんでスパゲッティを食べたところなんだけど、これからどうしたらいいの」って言う。「で、君は何したいの」って聞いたら、「とにかく、手をつなぎたい」と言うからね、「それじゃ、手をつないでいいいか、彼女に聞いてみたら」と答えました。

なぜ親や教師がこんな程度の相談に乗ってやれないのか、というか、そういう姿勢を持てないのか。思春期の子どもとのつきあいは、もうそれしかないんです。友達としてつきあってあげることしかないんですよ。

## ⑥前成人期――勇気ある大人になる

親からの自立がはじまったら前成人期と言えます。現実に言うと三〇歳ぐらいですよ、おそろしいことに。このへんはちょっとばらつきがあって、個人差が大きいです。

親から経済的にも精神的にも自立して、もうお父さん、お母さんに頼る必要がなく、争う必要もなく、対等の大人としてつきあいましょうと思うのは、何歳ぐらいだと思いますか。今は三〇歳ぐらいでしょう。結婚したって頼ってくるし、あるいは、あてにしているし、ときどき感情的になって口を出すでしょう。しかし、ある時期から冷静につきあえるようになります。そうなると大人です。

なぜ、こんな遅いか。子が親離れしないこともあるけれど、親が子離れしないこともある。いつまでも子ども扱いするからです。

今の育児がいかに過保護であるか、いかに過干渉であるかが、おわかりだと思います。過保護とか、過干渉とかいうのは、子どもたちの勇気を著しくくじきます。「自分の力で私は生きられるんだ。誰にも頼らなくても、自分の人生の課題を自分の力で解決していけるんだ」という、そういう勇気をくじいてしまうんです。

勇気づけというのは、とてもたくさんの意味がある言葉です。日常生活の中で、たとえば夫婦のちょっとしたやりとり、親子のちょっとした言葉のかけ方からはじまって、育児だとか、対人関係全体に対する根本的な姿勢までを言う言葉なんです。

勇気ある大人とは何かと言うと、自分の力で、自分の足で歩ける人のことです。自分の足で歩ける大人をつくろうと思ったら、親が一日も早く、かわりに歩いてやるのをやめることです。それが最大の勇気づけです。それは冷たく突き放すことではなく、聞いてきたことには積極的に答え、頼まれたことはできる範囲でやってあげることです。

# 6. 育児と教育に必要な「四つのS」

健康なパーソナリティーを持つ子どもたちを育てるために、アドラー心理学に基づく学校教育はどのような理念をあげているのか、というと、それは「四つのS」にまとめることができます。「S」と言いますのは、頭文字が「S」ではじまる言葉だからです。*

## 〈第一のS〉尊敬

まず第一番目は「尊敬」です。

尊敬は、尊重という言葉と対比して考えてみますが、まったく対等の人間として相手を尊敬することです。相手のしていることではなくて、相手の存在そのものを尊敬することを言います。

尊重というのはどちらかというと、上から下へ、自分は偉い、相手は下という立場で、相手を尊重するという感じがありますし、それから、相手の存在ではなく相手の行為を尊重するという感じがあります。

*英語では「四つのS」ではなくて「四つのR」です。すなわち、
尊敬　Respect
責任　Responsibility
社会性　Responsiveness
生活力　Resourcefulness
です（訳語は直訳ではなくこの教育法特有の用語）。

アドラー心理学に基づく教育、あるいは育児では、何度も言うように大人と子どもとはまったく対等だという、絶対的な前提を置きます。教師と生徒とはまったく対等である、親と子どもとはまったく対等である、たとえその子どもが〇歳児であっても、あるいは大きな子どもであっても、障害児であっても、あるいは非行化している子であっても、そういうこととはまったく関わりなく、人間として対等なのです。

対等ということをふまえて、その人がどんなことをしていようと、どんな考え方をしていようと、どんな状態にあろうと、人間として尊敬をする。そこからしか教育も育児もはじまらないと、アドラー心理学は考えます。

自分の子どもを尊敬している母親は少ないですね。自分の子が嫌いで嫌いでしょうがない親も、結構多いかもしれませんよ。ひょっとして七、八割の親はそう思っているかもしれない。

子どもが問題を起こすのは、大きく分けて二つの場合があります。一つは、何でも親がかわりにやってしまって甘やかされたために、まったく無責任になった場合。もう一つは親が子どもを憎んでいる場合。

親が子どもを憎んでいることなんかないと、普通思いますね。ところが、七、八割の親は、子どもを憎んでいるんです。「あの子さえいなければ、私の人生は楽なのに」って。

私は障害児の子がほしかったんです。どうせ、この世に障害児は何パーセントかの確率で生まれてくる。せっかく生まれてくるんだったら、私のところに来れば、いくらかましな待遇ができるだろうと待っていた。待っていたけれど、とうとう来なかった。実際に障害児が来れば、それはそれは大変だったでしょうけれど、アドラー心理学の全知識を動員して一生懸命に育てたと思います。

子どもが家にやってきたということは、とてもうれしいこと。一緒にしばらく暮らせるということはとてもよいことです。いつもそのことを忘れないようにしてほしい。そうすると「あの子さえいなければ」って言わないですむでしょう。

自分の子どもが何をやっているか、勉強をしているか、していないか、友達はいるか、いないか、親に逆らうか、逆らわないか、そんなことはあまり関係ないんです。何をやっていてもかまわない。運命の絆で結ばれて、一緒に暮らしていけるだけで、充分うれしいではないかと思います。

何をしていても素敵だなって感じること、それが子どもを尊敬するということです。条件がついて、これこれのときだけ尊敬しますよというのは、一見尊敬に見えるけれど、あれは尊敬と言わない。「あんたみたいなことしている人、尊敬できないわ」と言うのは、本当ははじめから尊敬してないんです。

一流商社の社員さんがいましてね、お見合いで奥さんが来たんです。三五歳ぐらいになって、サラリーマン生活に嫌気がさして、脱サラをして、ラーメン屋をするという。奥さんはひどく失望しましてね、「そんなのだったら、里へ帰らせてもらいます。今まで尊敬してたのに、あんたがそんな人だとは思わなかった」と言う。

でも、よく考えると、この奥さんは、はじめからこのご主人を尊敬していなかったんです。奥さんが尊敬していたのは会社だったんです。一流商社に勤めていようが、ラーメン屋をしていようが、その男はその男で、何も変わっていない。奥さんは、一流商社の社員を尊敬していただけで、ご主人を尊敬してはいなかった。

本当に尊敬しているかは、相手が何をしているかとは関係ない。子どもが登校していようが、不登校をしていようが、同じように尊敬できるはずなんです。学校へ行っているときだけ尊敬して、家でごろごろしていると尊敬しないのだったら、子どもを尊敬していないということです。学校へ行っている子どもを尊敬しているだけ。

子どもはかけがえのない、オプションはない存在です。学校に行っている子がほしいと思ったら、それはよその子と取り替えてもいいなと思っているということです。こんな子ではなく、もっと素直に親の言うことを聞く子がほしいというのは、かけがえのない子だと思っていない証拠です。いくらでも取り替えのきく商品だと思っている。そんなことを思っていると、子どもは憎まれていると感じる。それは、子どもはとても敏感に感じとります。

### ◆理想の子どもと現実の子ども

お母さんが好きなのは、今ここにいるこの子ではなくて、お母さんの頭の中にある理想の子どもなんです。

理想の子どもというものから引き算して、現実の子どもを見るのを、ぜひやめてほしい。頭の中でつくった理想の子どもというのは、気持ち悪い奴ですよ。言わなくても勉強するとか、親の言うことは全部聞くとか、何か注意したら「はいわかりました、私が悪いんです」と答えるという……。そんな子どもがいたら精神科を受診しないといけないかも、ですよ。

でも、そこから現実の子どもを絶えず引き算している。それをしますと、絶対子どもの点数はマイナスですよ。そうすると、親が子どもにかける言葉は全部マイナスの言葉になってしまいます。つまり、「早くしなさい。それはいけない。何してるのよ、ぐずね」であり、「だらしない。そんなことでどうするの。将来お嫁に行けないわよ」などですね。子どもたちはこれに反発はするけれど、でも一部は本気に受け取ります。だから、自分はぐずだ、だめな人間だ、さぼりだと思い、将来お嫁に行けないかもしれないと思うわけです。そうやって、子どもたちはどんどん自分のことが嫌いになっていくのです。

### ◆プラスの言葉の見つけ方

子どもに一つのマイナスの言葉をかければ、その子の人生は一つだめになる。一つのプラスの言葉をかければ、一つよくなっていく。いつも子どもにプラスのエネルギーをあげてほしい。子どもがちゃんとふるまっているときには、ちゃんとプラスの言葉をかけてほしい。自分の期待どおりに動いていないときばかりに声をかけているのではありませんか。

よくお母さんは「うちの子は一日中悪いことばかりしている」と言います。一日中悪いことなんかできないですよ。ほとんど九九パーセントはいいことしているはずです。

子どもがちゃんとやっているのに声をかけないと、裏切られます。朝起きてきたら「おはよう」「今日は三回起こしたら起きてきてくれたので、いつもの五回より少ないから助かったわ、ありがとう」と言うべきです。学校へ行くとき、「いってらっしゃい」って言って、「今日も元気でね。先生によろしくね」。帰ってきたら「早く帰ってきてくれて、とても安心」って言って、遅く帰ってきたら「外で長いこと遊んできてくれて、うれしい」。晩御飯を一緒に食べてくれたら「一緒に食べてくれて、うれしい」、一緒に食べなかったら「手間がはぶけて、うれしい」。一日中「うれしい」と「ありがとう」を言う材料を探してやろうと決心する。そうすると、プラスの言葉がとてもうまくなります。

ご主人にも「あなたが早く帰ってきてくれてうれしい」。遅く帰ったときには「遅く帰ってきてくれて、私の仕事ができてうれしい」。おみやげがあるときには、「おみやげがあってうれしい」。おみやげがなかったら「節約してくれてありがとう」。

何とかして、うれしいとありがとうを言ってやろうとすると、人間を尊敬するとは何かがわかります。どんな状態にあっても尊敬するということを学べます。

## 〈第二のS〉責任

第二番目は「責任」ということです。

責任という言葉は、日本の国では少し変わった使い方をされます。たとえば会社で失敗をしますと、責任をとりなさいということになりますね。日本人はどうやって責任をとるかというと、会社を辞めるわけです。これで責任をとったことになります。これは腹切りの思想です。会社を辞めたところで、その会社に損をかけたこと、会社に迷惑をかけたことが何も償えたことにはならないのですがね。本当の責任のとり方というのはそうではないのだと。

アドラー心理学で「責任」という言葉を使うときには、「仕事がある」という意味です。「ここに私の仕事がある」ということです。たとえば会社で失敗をしてしまったら、それまで以上にたくさんの仕事があるぞ、その失敗を償うために、その失敗の原状回復をするために、あるいは今後同じ失敗を繰り返さない工夫をするために、あるいはその失敗のために被害を被った人たちの感情をなだめるために、たくさんの仕事があるぞと考えなければなりません。

「レスポンシビリティ」と英語で言いますね。レスポンシビリティというのは、反応する能力というような意味です。課題に対して逃げないで、「はい、私はここにいます。ちゃんと私のすべきことはします」というふうに応答することをレスポンシビリティ、責任と言いますが、そういう意味での責任を子どもたちに教えたいのです。

### ◆今の教育は「無責任教育」

今、我々がやっている育児だとか、学校でやっている教育というのは、結局、無責任教育だと思います。子どもたちに、責任をとらなくていいんですということを絶えず教えているみたいなものです。

女子大の英語の先生が試験をしたところ、クラスでカンニングがあった。そのカンニングを先生が見つけた。カンニングは一つでもやったら留年なんです。校則にそう書いてある。だから全教科がだめになります。

職員会議で先生は当然のことのように、「私の科目でカンニングしました。だから留年です」って言ったそうです。職員会議は大騒ぎになりまして、「それはかわいそうだ、一科目カンニングしただけで一年留年させるのは、とても不人情だ」と多くの人が言う。でも規則にそう書いてあるんだったら、それが責任をとるということではないですか。

せっかく規則を決めて、全然守らないんだったら、その規則はないも同然です。それは、無責任教育だと思う。

ある非行少女は高校一年生なんだけれど、無断外泊をするんです。あるいは帰るのがずいぶん遅くなる。母親ははじめ門限八時と言って頑張っていた。そんなもの、守れるわけないですね。外泊する子に門限を八時と言ったって、喧嘩になるだけではないですか。だから、外泊をやめさせるかどうかよりも前に、まず親子が仲よくならないと話ができない。子どもを敵にまわしていて、教育も何もあるものではない。だから、まず喧嘩の材料になるようなことはやめましょう、お嬢さんと話し合って、納得できる線で門限時間を決めましょう、と提言しました。

お母さんの言い分は、一一時に寝ないと翌日はしんどい、ということでした。この家は朝五時に起きるんだそうです。だから、一一時には寝たい。従って、一一時以後に帰ってこられたらいやだ。これは、まことにもっともだと思います。で、娘さんもそれはそうだと言って手を打った。

ところがですね、ある日娘さんは、午前二時半に帰ってきて、チャイムをピンポンと鳴らしたんです。お母さんは、しばらく我慢したんだけれども、冬の寒い日でもあるし、「それじゃあ入れてあげます」と入れた。どう思いますか。これはよくないですよ。無責任教育です。ではどう言ったらいいか。こう言えばいい。「はーい、どなたですか」「あたしよ」「あたしって、どなたですか」「娘じゃないの」「おかしいですね、うちは門限一一時ですから、家族全員が一一時までに帰っているはずです。今ごろうちの娘がそんなところにいるわけがありません。どなたさまか知りませんが、娘の名をかたって、うちに入ろうとしないでください。どうぞ、お引き取りください」と言って切る。それが、責任を教えるということです。

### ◆責任のとり方、とらせ方

納得して、合意して、決めたルールだったら、それは守るべきだと思う。守らなかったら、その責任をとるべきだと思う。そういう意味で、我々は子どもたちに責任をとるということを教えていないのです。

ある高校でバイクを禁止しているところがあるんです。私のところに来ている子もバイクに乗っていまして、それを先生に見つかってしまって、停学処分を食らいかけたんです。そこでお母さんと相談して、「バイクに乗ることは法的に認められていますが、学校はどういう法的根拠があって、学校外での行為を理由に停学にできるんですか」と校長に言いました。

だいたい学校が、校門の外側で子どもがやっていることを取り締まるのはおかしいと思います。校門の中で、どんな取り締まりをやってもらっても、それはまだ辛抱しましょう。でも、校門から一歩出たら、監督権は親にありますから、親がかまわないと言ってバイクに乗せているんだから、学校が口を出す筋合いはないでしょう。

また別の学校の話ですが、夏休みの生活の規則で、外泊をしてはいけない、というのがありました。ある子の家にグループで集まって泊まりたいと娘が言いだしたんです。向こうのお母さんもOKと言い、向こうの子もOKと言い、こっちのお母さんもOKと言い、こっちの子もOKした。家族間は、完全に合意している。ところが、学校がそれは困ると文句をいう。夏休みに、双方の家族が完全に合意して泊まることに、いったいどこに学校が口を出す権利があるのか。「そんなことを言って、万一事故があったら」と言う。何か学校というのは、全然関係がないところまでやたら監督したがりますね。

国家でもそんなことはやりません。アメリカで犯罪を犯しても、日本の警察は何もしない。アメリカにいる限り、捕まえられない。日本であれば、捕まえられる。だから法律とか、ルールというものは、通用する場所というのが当然あるわけですよ。なのに、学校はそれをいくらでも広げる。

## ◆子どもに結末を体験させる

責任をとることを学ばせるには、どうしたらいいか……。子どもたちの行為や子どもたちがやることの結末を、全部子どもたちに味わわせてあげればいいんです。そうすると、子どもたちはきっと学ぶから。

私の娘が四歳のときのことです。庭の木にミツバチが止まっていました。娘はそのハチをかまうんですね。母親は何度か止めました。「刺されると痛いよ」って。虫が好きな娘でね。他の虫にはいろいろ触ったけれど、ハチはまだ触っていない。だから刺されるなんて思ったことはない。お母さんがいないとき、触ってやろうと決心した。

私は見ていたんです。一回触ればこりるだろうと思って。ミツバチに刺されても死にはしないしね。結局刺されて泣きましてね。そこでお父さんはさっそうと登場です。「痛かった？　手当てをしてあげようね」と言いながら。うんといい役を取ってしまった。そのほうが賢いですよ。娘にとって、せっかく面白い玩具があるのに、止めると嫌われますし、どうせ親が見ていないときに必ずやるから。

子どもがみすみす失敗するのがわかっていて、それに手を出さないで見ているというのは、ものすごく勇気がいります。手を出すのは勇気も何もいらない。とても簡単なこと。でも、その勇気を持たないと、子どもは自分の力で生きていける子にならない。ちょっとワクチンをやっておかないとだめなのです。ちょっとだけ危険な目に遭わせておくと、あとで大きな危険に遭わない。

今の子どもたちは、とても怪我をしやすいですね。高いところから飛び降りたり、とてつもない喧嘩の仕方をしたりする。それで大怪我をしたりする。それはやり慣れていないからです。

押し入れから、スーパーマンごっこで飛び降りたことのある子は、高い鉄棒から飛び降りたりはしないですよ。どこから降りたら、どの程度痛いかを知っているから。家で徹底的に飛び降りないように制止されている子は、高い高いジャングルジムからふと飛び降りて、足の骨を折る。それぐらいだったらいいけれど、ある子はマンションの九階から飛び降りました。助かりましたけれどね。その子はなぜ飛び降りたかというと、飛べると思ったから。なぜ飛べると思ったかというと、一度も飛ばせてもらえなかったから。

押し入れの真ん中から飛び降りている子は、絶対にマンションの九階から飛び降りたりしない。それをやると、うんと痛いだろうと思うからね。

少しの失敗や少しの怪我をさせてあげるだけの度量というか、勇気を親が持っていれば、子どもは自分の行為に自分で責任を持つようになります。先まわりして、子どもが失敗しないようにするというのを絶対にやめたい。

## ◆日本的な責任のとり方の間違い

子どもと接しているときには、我々は自分自身の行為に全責任を持ってつきあうべきだと思います。子どもの責任を肩がわりしてはいけないし、我々の失敗を子どもの責任にもしてはならないということです。

日本のお母さん方が一番よくやるのが、夫のせいにすること。「あの人が家庭を顧みてくれないから、この子はこうなった」と。日本の先生方が一番よくやるのが、親のせいにすること。「この子は家庭の事情が悪いからこうなった」と。要するに責任は自分にはないと言っているのです。その発想がある限り、だめです。誰がやったのでもいい、誰のせいでもいい、とにかく、今私にできることをやろうということです。
このあいだあるお母さんから小さい子のしつけのことで相談を受けました。その子は、はなをかんでぽいっとごみ箱に捨てるんです。するとごみ箱の外に落ちてしまう。どうしたらごみ箱に入れさせることができますか、と言うんですね。どう思いますか。「どうしてお母さんが拾ってやらないの。誰が捨てたものでもいいじゃないですか」と言って、入れればいいじゃないの。ごみが外に出ているのはいやね、と私は言いました。そうしたら子どもたちは、誰が出したごみでも、ごみ箱に入れるものなんだろうなということを学ぶ。これのほうが大事だと思いませんか。

責任というと、「誰がやったか」ということだと考える。そうではないんです。「今私にできることは何か」と考えるのが本当の責任です。

これは小学校であったことですが、昼食の後片づけがちょっと残っていました。先生が、これはいったい誰のだ、と言いました。そこにたまたま男の子が二人いまして、「知らない」って言いました。「知らないとは何だ。クラスのみんなの責任だ。だから、お前が持っていけ」。その子たちはぶつぶつ言いながら、持っていきました。あとでその子たちと会う機会があって、その話をしてくれたんです。要するに、「誰のだ」と先生が聞くから、「知らない」と言ったら怒られたと言います。

もし先生が「誰がやったのか知らないけど、これを君たちが給食室に持っていってくれないかな」って言ったら、どうしただろうか。「それだったら、ぶつぶつ言わないよ」と彼らは言いました。

「誰がやったの」というのは、どうでもいいんですよ。「誰が後始末するか」が問題です。責任とは犯人を探すことではない。犯人なんかどうでもいい。たった今、ここで自分ができることをすればいい。

「悪いあなた、かわいそうな私」という考え方をやめて、私にできることは何だろうかと問いはじめること。不登校になったのは、学校が悪いとか、夫が無理解だとか、姑が悪いとかいう「悪いあなた」をやめて、子どもと一緒に共同被害者になるのをやめて、その中で自分にできることは何かと考えはじめたら、何とかなっていく。それが責任をとるということです。

責任をとるということは、「私の仕事は何だろう」と考えることです。そのことを大人がやらないといけない。理解して、実行しないと、子どもたちは理解して、実行できないんです。

## 〈第三のS〉社会性

第三番目は「社会性」ということです。

普通、社会性があると言いますと、誰とでも仲よくつきあえるというふうに考えると思いますが、人間は誰とでも仲よくつきあえるものではないと思うんです。残念ながら、相性と言いますか、虫が好く好かないと言いますか、そういうことがあって、すべての人と仲よくするということは不可能な目標だと思います。

アドラー心理学が社会性と言っているのは、そのようなことではありません。あるいは、いわゆる人づきあいの技術、挨拶が上手にできるとか、世間話が上手にできるとかいった、表面上の話し方の上手下手を言うのでもありません。

社会性とは、社会の中で、自分の要求を通して、しかも他人を傷つけない技術、あるいはその姿勢だというふうに理解していただくと、一番わかりやすいと思います。

我々は、さまざまな要求を当然持ちますね。その要求は、ときに他の人の要求や利害と矛盾します。それを調整しながら生きていかなければならないわけです。

調整をするときに、もちろん妥協して引き下がることも必要ではありますが、我々の要求を充分に説明し、理解してもらい、他の人たちの妥協を取りつけるように働きかけることも大切です。

そのような自己主張、あるいは要求というものを、我々はどうしてもしなければなりません。しかも、そのときに他人を傷つけてはいけないと思います。

我々には自分の主張を要求する権利はありますが、その権利は同時にいくつかの責任を伴います。その責任の一つは、他の人たちにも自己主張を認める責任ですし、また別の一つは、そのことによって他人を傷つけない責任です。

## ◆「誰とでも仲よく」はナンセンス

このあいだある中学校の先生が相談に来られまして、それはこういう話でした。林間学校かな、一泊の研修があって、子どもたちを五、六人のグループで行動させたい。それでグループ分けをくじ引きでやったところが、まずいことに、仲の悪い二人が一つのグループに当たってしまった。「心配でしようがないんですが、どうしたらいいと思いますか」と言うんですね。「また、何でくじ引きなんかで決めたの?」って聞きました。すると、「みんなが仲よく、誰とでもどの子でも仲よくできるようにしたいんです」と言う。「おたくの学校は水商売の教育をしているんですか」と私は聞きました。

誰とでも仲よくするのは、水商売の人ぐらいですよ。二・七・一の法則というのがありましてね。私の前に一〇人の人がいたら、そのうちの二人は無条件に好き、何をしたって好き。そのうち一人は無条件に嫌い、どんなことをしたって嫌い。残り七人は時と場合によりけりです。

クラスの子をぱっと一〇人ぐらい考えてみたら、どうしても一人ぐらい相性の悪い子がいるのね。二〇パーセントくらいはとても相性がいい。残り七〇パーセントはその日の気分次第かな。向こうから見てもきっとそうだと思う。一〇人のうち二人ぐらいは私のことを、きっと好きですよ。一人は警察がなかったら、私を殺そうと思っている。残り七人は私が親切にしてあげると、好きになるし、ちょっと知らんぷりをすると、嫌いになる。

これは、何をしていてもそうですね。どこへ行ってもそうです。どうなふうに生きていてもやはりそうです。私だけではなくて、すべての人がだいたいそうです。だから全部の人から好かれることはできないし、全部の人を好きになることもできない。全員と仲よくつきあうとか、全員から好かれようとかいうのは、不可能な目標です。

そんなものを追いかけると絶対に不幸になりますよ。空を飛ぼうとか、身長をあと五センチ伸ばそうとかいうのと同じように、努力しても痛いだけで何も起こらない。

ここで言う社会性というのは、みんなと仲よくするということではなくて、仲よくしたい人と仲よくするということです。だから、社会性のある子どもというのは、さっきのグループ分けの例で言えば、僕はこの子と一緒のグループになりたいとか、あの子とはいやだと言える子のことです。それでいいんですよ。

いうことです。

◆テレパシーを期待するな

先生がおそれているのは、そうやって子どもたちに選ばせると、自分がどのグループへ行きたいとか、誰と一緒にいたいかを言えない子がいたら、かわいそうだということです。

でも、言えない子がいるからといって、そのことに配慮してグループ分けしてやったら、その子は一生言えなくなる。言えない子は、損をしてもらえばいい。そうすれば「しまった、言うんだった」と思うでしょう。「この次から言おう」ときっと思うでしょう。こっちが配慮してあげると、きっと一生言わない子で終わってしまうと思う。自分がやってほしいことを、先生や親はわかってくれて、言わなくてもちゃんとアレンジしてくれるのが当たり前だと思ってしまう。

これが、一番具合の悪い性格なんです。してほしいこと、してほしくないことを、みんなが察するべきだと思っているのが、人間として一番困った生き方です。人間にはテレパシー能力なんてないので、言ってもらわないとわからない。なのに言ってくれて当然だと思う子がいます。どうしてこんな子ができるかというと、そういうことをする大人がいるからです。

社会性というのは、要するに人間関係の技術です。人間関係の技術というのは、要するに言葉の使い方です。

我々の使う言葉は大きく区別すると二種類あります。「今日はいいお天気ですね」というタイプの言葉と、「お金を貸してください」というタイプの言葉です。どう違うかというと、「今日はいいお天気ですね」と言うのは、相手に何も要求していない。ただ、情報交換しているだけです。「お金を貸してください」というのは、相手に要求している。「いいお天気ですね」とか「広島カープは調子いいですね」とかいうのは、これは別にトレーニングしなくてもかまいません。誰でもできますから。問題は、もう一つのほうです。「お金貸してください」とか「いやです」というほうね。要求したり、断わったりする言葉のほうがずっと難しい。それを社会性と言います。これについてはすでに第2章「上手な自己主張」のところで、具体的な方法を話していますので、改めてそちらも見ていただきたいと思います。

## 〈第四のS〉生活力

第四番目の「S」は、「生活力」。これも曖昧な言葉です。

生活力というのは、生き残る力、生きていく力ですね。これは、学校教育の中では教科教育と言われている部分にほぼ相当します。今までの三つが道徳教育、徳育というものにほぼ相当します。最後の生活力は、教科教育にほぼ相当すると思っていただければいいのです。

たとえば、読み書きができるということ、これは生きていくためにどうしても必要です。初歩的な計算ができるということ、これも生きていくためにどうしても必要です。自然についていくらかの知識があり、社会のルールについていくらかの知識がある。これも生きていく上でどうしても必要です。

教科というものを、単に知的な興味、好奇心だけからとらえるのではなくて、もう一度、子どもの生活力という面からとらえなおしてみたい。特に初等教育においては、教科教育を、実生活にどのように役立つかという側面から考え、そのように教えていきたい。これがアドラー教育の一つの根本的な理念です。そういう意味で我々は、教科というかわりに「生活力」という言葉を使っています。

### ◆どんなことをしても生き抜く力

もっと率直に言うと、どんなことになっても生きていく力です。臆病にならないで、未来に不安を持たないで、どんな事態が起ころうとも、何とかしようと決心し、何とかできるだけの技術を何とか身につけている状態です。

女性が社会的に自立して、夫がいなくても生活資金を手に入れられることね。男性でいえば、妻がいなくてもご飯が食べられることね。このことは日本民族の大課題だと思う。

男の子を持っているお母さんは、ぜひ料理を教えてあげてください。お料理ができる男性はとても強い。夫婦喧嘩しても負けない。「文句があるのなら出ていってください。炊事も洗濯も何も困りません」と言えれば強い。子どもも「そうだ、お父さんの料理のほうがおいしい」。そうなるとはじめて、家庭の中での男女平等が実現します。

今は男女不平等で、絶対妻のほうが強い。夫は妻がいないとご飯も食べられない。精神的には生きていけるんですよ。奥さんさえいなければ幸せと思っている男性はいくらでもいる。ところがご飯が食べられなくなるから困るんです。

## ◆男の自立、女の自立

反対に女性は社会的に自立したほうがいい。不登校のお母さんたちに「よかったですね、息子さんが不登校をして」と言うと、きょとんとする。「中学校の息子が不登校をしたら、都合がいいじゃないですか。留守番がいますから、仕事にも行けるし、旅行にも行けるし、弟や妹の面倒を見てもらえるし、最高じゃないですか」と言うと、「そんなことはできません。私がいないと、あの子はだめになります」。そんなことはない。あなたがいるからだめになる。あなたさえいなければ、その子は悪くならない。

母親というのは、なぜか家を離れたがらない。二泊三日ぐらいの旅行に行ってらっしゃいよって言うんですね、夫も捨て、子どもも捨て、せっかく不登校をしているんだから、「よろしくね、お父さんの面倒見てね」って。

でも、そんなことをすると家の中が無茶苦茶になるという。それはたぶん嘘です。お母さんがいなくなって、それで家の中が無茶苦茶になって、みんなご飯も食べず、ごみだらけになったとすれば、お母さんはとても幸せですよ。「やっぱり私はこの家に必要なんだわ」と思える。

三日目に帰ってきたら、家の中はぴかぴか。子どもたちは幸せ。お父さんも幸せ。そうすると、お母さんは何のためにいるのかわからない。どちらが起こりそうだと思いますか。

外に出て働くことで女性は成長すると思う。社会でもまれたことのない奥さんは、とても幼稚です。頭を下げるということを知らない。結婚してすぐかかあ天下でしょう。ずっと女王様をしている。人に折れるとか、妥協するとか、頭を下げるとか、辛抱するとか、全然知らないから、とても困ります。就職すると覚えますから、その分生活力がつき、成長します。男はちょっとそういう技術を覚えすぎて、やや卑屈になっておりますが……。

## ラッキーとハッピーの違い

この「四つのS」は、子どもの教育だけではなく、人間が、大人が幸福になるための鍵でもあります。

このあいだちょっとしたグループ療法をやったときに、そこでこんなテーマを出しました。「未来のある日に、とても幸せな一日があって、その幸せな一日の日記を書いてください。あなただったらどんなことを書きますか。自分の幸福な一日のイメージを書いてください」。すると、ある人は、「何億円かの宝くじが当たって、その札束をもらったら、思ったよりずっしりと重くて、かばんに入れて、ああ重たいなと思いながら自分の家に帰った。そして、見ているだけではつまらないから、壁に貼った。マンションだから壁がそんなになくて、四五枚しか貼れなかった。どこかにご飯を食べに行こうと思って、一番高いフランス料理屋さんに行き、一番高い料理を食べた」と書いていました。

でもこれは残念ながら幸福ではないんです。これは幸運です。これは英語で言うとハッピーではなくラッキー。「ラッキー」と「ハッピー」は違いますよ。「ラッキー」っていうのはあなたまかせ。こちらが勝ちとったものではなく、たまたま転りこんできたもの。こういうことはあるかもしれないけれど、これを幸福だと思っていると、転がりこんでこなかったりすると不幸になってしまいますね。そういう幸福はあまり夢見ないほうがいい。

別の人のは、こんなふうに書いてありました。「身体は健康だし、お天気はいいし、子どもたちは、とてもすくすく育っているし、会社の成績はとてもいいし、少し休暇でもとってハワイにでも遊びに行こうかと計画している」。これもね、幸福かどうか少し疑問がある。たとえばこんなふうに書けば幸福だと思います。「朝起きたら少し天気が悪いし、やや頭痛がするし、少し気分が悪いけれども、働いているうちに何とかなるだろうと思って、出勤した。そうすると、二、三〇分もするうちに、だんだんと楽になってきた。一日働いて家に帰ったら、快適であった」。

完全に健康、家族は完全に幸せ、完全に安定……。これは死んでいると思う。完成してストップしてしまっているから、これで終わりです。これ以上言うことはありませんという状態は死んでいると思う。生きているというのは、いろいろと変化があって、その翌日もその翌日も変わっていくことで、そういう状態がたぶん幸福だと思う。

## ◆安全な生活が本当に幸せか

ニュージーランドから来た英語の先生と話をしていて、彼女は言うんです。「なぜ日本の子どもはあんなにびくびくびくしているのか。なぜ日本人の親は、あんなにびくびくしているのか。なぜ子どもたちを、あんなに無理してまで勉強ばかりさせるのか。私には全然理解できない。もっとおっとり暮らせばいいじゃないか。人生は何とでも生きていけるのに」。

それには理由があります。日本人は幸福というのは安全だと思っているんです。人生が安全なら幸福だと思っている。何とか安全保証を手に入れたいと切実に願っている。

ニュージーランドのその先生は、そんな馬鹿な話はないという。「そんなの羊ではないか。羊は悩まないし、柵に囲まれて一生安全だ。だけど人間はそんなふうに生きてはいけないと思う」。彼女は実際、インドを放浪したりして日本まで流れてきて、いろんなことをしているわけです。三七、八歳くらいかな。「安全な人生は最低だ」と言うのね。私もそう思う。結局、いい学校へ行かせ、いい企業に勤めさせたいというのは、安全保証が目的なんですよ。

たとえば高校でいい成績をとっていて、この調子だといい大学へ行けて、いい企業に行けて、二四、五歳でお見合いして、最初のお見合いはだめで、二七、八でまたお見合いをして、結婚して、三〇になって子どもができて、一生懸命働いて、三五で係長になって、三九で課長になって、四二でローンで家を建てて、一戸建ての家を手に入れて、それで重役になれるかなと思って頑張ったけれど、とうとう最後まで重役になれず、子どもも高校に入ってから若干非行化して、がっかりして白髪が増えて、そうしているうちに定年になって、六二になったとき、歯が全部抜けて、七二ぐらいからぼけはじめて、七四で死んだ……。これが高校時代に全部予測できるようだったら、その人の人生は何て不幸だろうと思う。つまらないと思いませんか。でも、親たちが子どもに与えようとしているのは、こんなつまらない人生なんですよ。

これから一生、どんなことが起こりますか。高校生に聞いてごらんなさい。知っているから。だいたいこんなものだろうと。それは、とても不幸な人生だと思う。高校生のときに先が全部見えているということは、これから先の人生が全部死んでいるのと同じことです。

このあいだ一寸先は闇だと私に言った人がいるんです。「野田さんはえらく楽観的だけど、なかなかそうはいかない。一寸先は闇ですよ」と言うんです。まさにそのとおりで、一寸先が闇だからこそ歩く価値があるのであって、ずっと先が見えていたら、つまらないではないですか。

一寸先が闇ということは、たった今は光だということです。それに、たった今はずっと続くんだから、明日になったら、また今だし、あさってになったら、また今だし、一寸先の闇のことなんて、考えなくていいんですよ。

自分が今ちゃんと動いていて、次の瞬間もちゃんと動いていたら、その後もちゃんと生きていられるだろう。大事なことは、いつもちゃんと動いているということです。一生懸命生きているということです。それさえやっていれば、どんなことが起こっても大丈夫ではないかな。

## たくましさを身につける

私の友達で、スポーツ用品屋さんをやっているのがいまして、大金持ちなんですよ。スポーツ用品屋さんで儲けたわけではない。特殊浴場というやつで儲けたんですよ。ソープランド。

彼は、中学校のときに、ぐれまして、中学を出たまま就職しなかった。家が大変貧しかったということもあるけれど、彼は高校へ行かなかった。それでしばらくぶらぶらしていたんですけれど、一生こんな馬鹿をしているわけにはいかないと思った。

これ、大事なことですよ。子どもがいつもスケボーをしているとするでしょう。スケボーは困るとお母さんは思う。私はいつもお母さんに言うんですよ。この子は一生スケボーをしていると思いますか。四〇歳になっても、五〇歳になっても、六〇歳になっても、一生スケボーに狂ったらたいしたもんだ。大物になるよ。二年や三年狂うだろうけれど、それは一生続かないんだったら狂わせておけばいいのです。

子どもたちは、ある年齢になったら、こんな馬鹿はやっていられないと思って、ちゃんと別のことをやります。ところが、親とか教師が「そんな馬鹿なことはやめろ、やめろ」と言いつづけるから、もしそれをやめたら、親や教師に負けたことになる。だからむきになってやめない。いやになってもやめない。そうやって、だらだら長引く。かまわないで放っておくと、だいたい一七、八になると、馬鹿馬鹿しくなってやめます。

で、彼もやめまして、スポーツ用品屋さんに勤めた。そこで彼が気がついたことは、去年のスキー用品は商品にならないということです。スキー用品というのは毎年新しいのを出して売らないといけないのだそうで、新品だけれど古い型のスキー用品を捨ててしまうんだそうですよ。彼はそこに目をつけまして、去年のモデルを捨ててしまうスキー用品を買い漁って、それを安く売る店をつくった。これが大儲け。そして何店かのスポーツ用品屋さんを二〇代で持った。ただ、やはりそういう商売だけではなかなか入りが悪いので、三〇代のはじめに、パチンコ屋さんとゲームセンターと、ソープランドをつくった。

彼は「野田さん、かわいそうだな」って言うの。「あんたみたいに大学なんか出て、しかも医学部なんか出たら、ソープランドのボスなんかはできないだろう。俺は中学出でよかった。法に触れないことだったら、何をやってもかまわないから」

店がつぶれたって、彼は飢え死になんかしない。また何かやるでしょう。全部つぶれて、無一文になったって、元々無一文だったと、また出なおすでしょう。それがいい生き方だと思う。それが、私たちが子どもに教えてあげないといけないことだと思うのです。

# おわりに

本書の最初の原稿を書いたのは一九九一年のことで、当時私はまだ四〇代に入ったばかりのころでした。広島のアドレリアン滝口純二さんと熊谷貞夫さんが、私の講演の録音を文字起こししてくださいました。さらに、岡山のアドレリアン大橋一法さんが「アドラー心理学基礎講座応用編」の録音を文字起こししてくださいました。それらを組み合わせて本書が成立しました。「アドラー心理学を語る」シリーズの第3巻『劣等感と人間関係』と本書第4巻『勇気づけの方法』で、非専門家のアドレリアンが知っておくべき内容は、ほぼ尽くされているのではないかと思っています。長らく絶版になっていましたが、再版されることになって大変喜んでいます。

何度も言いますが、アドラー心理学は「お稽古ごと」であって、本から学ぶことはできません。本書を読まれた方は、ぜひ講習会やワークショップに参加してください。講習会等については下記に案内があります。

アドラーギルド　http://adler.cside.com/

また、日本アドラー心理学会にもぜひご参加ください。日本アドラー心理学会は国際アドラー心理学会の下部組織で、正しいアドラー心理学を伝承することを使命にして活動している非営利団体です。会員の年会費を基礎に運用されていますので、ぜひ下記のホームページをご参照の上、ご加入いただけると幸いです。

日本アドラー心理学会　http://adler.cside.ne.jp/

なお、アドラーギルドは私の事務所の名前で私企業ですが、日本アドラー心理学会はそれとはまったく独立の社団法人です。お間違えのありませんように。

本書の再版に関しては創元社編集部の松浦利彦氏と紫藤崇代氏にひとかたならぬお世話になりました。心から御礼を申し上げます。

野田俊作

寄稿

# 師・野田俊作先生のこと

名越康文
（精神科医）

野田俊作先生は、私の人生を決定づけていただいた恩師である。二〇歳を過ぎた頃、身体医学に未練がなくなり目標を見失っていた医学部三回生の私が、友人に連れられて野田先生のオープン・カウンセリングを初めて見学した時のことは、今も鮮烈に記憶している。それまで頭を下げて、うなだれているように見えていた若いクライエントが、師の投げかける言葉の一つ一つ、というよりむしろ師の言葉の間合いの豊かな空気そのものによって、息を吹き返すように血色を取り戻していく様を目の当たりにしながら、いつの間にか私自身も己の運命を見定めていたのである。

師の毅然とした姿勢、明確な論理性は、まるで鋭く磨かれた刃物のように対話者の妄想やコンプレックスの殻を削ぎ落としていく。そのさまは時として観る者を慄然とさせるに余りある迫力であった。しかし同時に、その知性の圧とは裏腹のような、ある情感の機微のようなものが、たえず師のカウンセリングの時空の中にはあった。論理はともすれば硬い構造物のように、自らの内に攻撃性を秘めているものだが、師の周りの見えない背景の中には、穏やかとしか表現しようのないある情感のオブラートが絶えず存在していたのだった。

その源はたとえば、アドラー心理学で言うところの「横の関係」をつくろうとする刹那刹那の営為であったかもしれない。横の関係とは私の理解によれば固定された関係性ではない。常にその人から放たれている意志であり他者への関心であり、瞬間瞬間の行為そのものなのだと思う。さらにその営為の奥にあったものこそ、共同体感覚のインビジブルな感触なのではなかっただろうか。とにかく、その日から一〇年を超える年月、私は毎週金曜日の夜、野田先生の元に足しげく通うことになるのである。

我々当時の弟子たちの質問に対し、いつも師は逐一、真正面から丁寧に答えてくださることが常だった。その内容は心理学のみならず、歴史や政治、宗教や哲学に関する豊富な知識に裏づけられており、聞く者は問うたことよりもはるかに多くをもらって帰るのだった。

しかし何よりも私たちが楽しみにしていたのは、臨床学習の後の居酒屋なのであった。師を囲んで先輩後輩の区別なく交わす杯と言葉と蘊蓄の数々は、実は学びの喜びの時間そのものだった。現在私が講義や講座の後、時間の許す限り茶話会や食事会（私は下戸なので受講生が飲む）を催すのも、この時期の経験が大きい。生徒は師の知識や技術を受け取るだけではない。師弟は生きることをある時期共有し、弟子は師の情熱や息づかいや間合いを経験そのものとして学ぶのである。私が師から学びとったものは大河の一滴に過ぎないが、確かにそれは精度の高い心理学の論理と実践であったと同時に、それを超えた何か、つまり「他者と共に生きるとは何か」という人間の命題そのものであった。

どうしようもなく不肖の弟子の言うことだが、アドラー心理学は確固とした論理の体系であると同時に、この瞬間瞬間を生きるための、しかも他者と共に生きるための実践的心理学である。この瞬間が正しくとも次の瞬間見失うかもしれない、まるで生命そのもののような実践の場が、私の知るアドラー心理学であると言える。

# 索引

◆あ◆
相手の判断 29、51
相手役 111
アドラー、アルフレッド 32
あなたメッセージ 16、53
ありがとう 20
意見言葉 31
いじめ 98
依頼口調 71、74
うれしい 41
エンカレッジメント 10、27
お願い口調 38
親子関係 13、38、59、85
◆か◆
外泊 161
過干渉 149
家族の価値 124
家族の雰囲気 125
過程 25、46
仮定文 40、75
過保護 149
感謝 57
感情的 71
詭弁的 71
疑問文 39、75
教科教育 171
共感 57
きょうだい 124
グループ療法 175
結果 45
欠点 47
結末体験 162
言語心理学 62
権利 72
権力 108
権力闘争 82、88、108、112、122
権力闘争期 117
攻撃的 68、71
攻撃的な自己主張 66
攻撃的な頼み方 76
攻撃的要求行動 71
貢献 24、44、118
肯定的表現 30、53
固執的 71
◆さ◆
叱る 11、131
自己嫌悪 35
自己主張 62
事実言葉 55
自主管理 138
思春期後半期 144
思春期前半期 144
失敗 28、48、49
失望 110
児童期 137
社会性 166
主観的意見 55
主張性 62
主張的 67、71
主張的な断わり方 83
主張的な自己主張 64、68
主張的な頼み方 79
主張的要求行動 71

賞賛 103
神経症 10、147
スキンシップ 99、132
成果 26、48
生活指導 146
生活力 171
成長 29、50
責任 72、157
責任ある権利主張 71
善悪 51
前思春期 141
前成人期 149
尊敬 151
尊重 151

◆た◆

態度を変える 38
達成 47
縦の関係 15、68、71
男女平等 173
注目 105
道徳教育 171
徳育 171
ドライカース、ルドルフ 106

◆な◆

乳児期 128
能力 44

◆は◆

パセージ 20
ハッピー 175
比較 50
非行 10、13、96、109、111、146、152、159、178
非固執的 71、73
非主張的 67、71
非主張的な自己主張 65
非主張的な頼み方 75
否定的表現 52
夫婦関係 13、37、59、85
復讐 109
復讐期 117
復讐的 68、71
復讐的な自己主張 67
復讐的な頼み方 78
不適切な行動 92
不登校 10、13、99、102、113、123、147、166、173
フロイト、ジークムント 32
ほめる 15、56

◆ま◆

無責任な権利主張 71
無断外泊 159
命令口調 38、71、74
命令文 41
目的論 100

◆や◆

勇気くじき構造 13
勇気づけ 10、27
幼児期 132
横の関係 11、68、71
四つのS 151

◆ら◆

ラッキー 175
理性的 69
良否 51
理論的 71
論理的 70、71

◆わ◆

私メッセージ　16、31、54

**著者略歴**

野田俊作（のだ・しゅんさく）

一九四八年生まれ。大阪大学医学部卒。シカゴ・アルフレッド・アドラー研究所留学、神戸家庭裁判所医務室技官勤務の後、新大阪駅前にて相談施設（アドラーギルド）開業。日本アドラー心理学会認定指導者、初代日本アドラー心理学会会長。著書『アドラー心理学を語る1　性格は変えられる』『同2　グループと瞑想』『同3　劣等感と人間関係』『同4　勇気づけの方法』『クラスはよみがえる』『アドラー心理学でクラスはよみがえる』、訳書『アドラーの思い出』（いずれも創元社）など。



アドラー心理学《しんりがく》を語《かた》る4

勇気《ゆうき》づけの方法《ほうほう》

二〇一七年二月二〇日　第一版第一刷発行
二〇二四年一一月三〇日　第一版第一三刷発行

著　者　野田俊作
発行者　矢部敬一
発行所　株式会社　創元社

〈本　社〉〒五四一-〇〇四七
大阪市中央区淡路町四-三-六
電話（〇六）六二三一-九〇一〇(代)

〈東京支店〉〒一〇一-〇〇五一
東京都千代田区神田神保町一-二　田辺ビル
電話（〇三）六八一一-〇六六二(代)

〈ホームページ〉https://www.sogensha.co.jp/

印刷　モリモト印刷　組版　はあどわあく





ISBN978-4-422-11634-1 C0311